<그리스도인이면 꼭 알아야 할 성경 지식>

로마서

제2권

두 가지 성품과 구원의 영원한 보장(7-11장)

서울솔로몬학교 성경연수원

차 례

이 책에 인용된 성경 구절은 〈한글킹제임스성경〉입니다.

제1과

그리스도인의 두 가지 성품(7장)

『예수 그리스도 우리 주를 통하여 하나님께 감사하노라. 그러므로 내 자신이 생각으로는 하나님의 법을 섬기지만 육신으로는 죄의 법을 섬기노라』(롬 7:25).

문명인과 고릴라

거듭난 그리스도인 안에는 예수 그리스도께서 성령으로 내주해 계신다. 이것을 고린도후서 4:7에서는 "질그릇 안에 있는 보물"로 표현하고 있다. 보물은 주 예수 그리스도이시고 질그릇은 우리의 몸이다. 이에 대해 피터 럭크만 목사는 이렇게 표현했다. 「예수 그리스도께서 당신을 구원하여 거듭나게 하셨을 때 그분께서 무슨 일을 하셨는지 아는가? 그것은 마치 문명인을 데려다가 고릴라가 있는 우리에 넣으신 것과 같다. 그 고릴라는 화내기 시작하면서 으르렁거리고 위협하며 싸우려고 한다. 더 이상 행복하지 않다. 더 이상 편안하지도 않다. 주님께서 당신을 구원하셨을 때 당신의 인생을 망가뜨리신 것이다.」 그래서 사도 바울은 로마서 7:24에서 "오, 나는 비참한 사람이로다! 누가 이 사망의 몸에서 나를 구해 낼 것인가?"라고 고백했던 것이다.

그리스도인으로서 죄와 관련하여 바울처럼 자신의 비참한 상태를 느꼈던 경험이 있다면 간단히 적어 보세요.

➡ ______________________________

____

____

____

그리스도인과 율법과의 관계(1-14절)

1. "남편의 법"에서 벗어난다(1-3절).

1) <u>율법은 그 사람이 살아 있는 동안에만 그를 주관할 수 있다(1절)</u>. 이것은 율법뿐 아니라, 모든 법의 기본적인 원칙이다.

2) "남편"이 죽으면, "아내"는 그 "남편의 법"에서 벗어나게 되어 자동으로 "이혼"이 성립되고, 이에 율법을 범하지 않고도 다른 남자와 재혼할 수 있다. 즉 간음죄가 성립하지 않는 것이다.

2. "율법"에 대해서는 죽고 "그리스도"와 혼인하게 된다(4-6절).

<table>
<tr><td colspan="3">〈구원받기 이전의 상태〉</td><td>〈구원받을 때〉</td><td colspan="3">〈구원받은 이후의 상태〉</td></tr>
<tr><td colspan="3">초혼</td><td>이혼</td><td colspan="3">재혼</td></tr>
<tr><td>옛 남편</td><td>아내</td><td>법</td><td rowspan="2">영적 수술
(영적 할례)</td><td>새 남편</td><td>아내</td><td>법</td></tr>
<tr><td>육신
(죄의 몸)</td><td>구원받지
않은 혼</td><td>법문의
낡은 것(율법)</td><td>예수
그리스도</td><td>구원받은
혼</td><td>영의
새로움</td></tr>
</table>

➡ 이 표는 남편의 법(1-3절)의 원리를 통해 〈구원받기 이전의 상태〉와 〈구원받은 이후의 상태〉를 비교함으로써 "믿는 자의 구원"을 보여 준다. 구원받는 순간 우리는 "영적 수술"을 받았는데, 이것을 "영적 할례"라고 한다.

1) 죽은 "옛 남편"(2,3절)은 율법이 아니다. 왜냐하면 율법이 죽은 것이 아

니라 "**율법에 대해**" 죽었다고 말씀하기 때문이다(4절).

2) 죽은 "**옛 남편**"은 "**죄의 몸**"(롬 6:6, 육신, 옛 사람)이며, 예수 그리스도의 몸으로 인하여(4절), 곧 예수 그리스도와 함께 십자가에 못 박혀 죽음으로써(롬 6:6, 갈 5:24) **율법에는 죽게 되었다**. 따라서 더 이상 율법의 주관을 받을 수 없는 것이다.

3) "**아내**"는 "**혼**"을 가리키는데, 구원을 받는 순간 그리스도의 할례에 의한 영적 수술을 통해 『**육신의 죄들의 몸을 벗어**』 버림으로써(골 2:11), **옛 남편인 죄의 몸과 분리되었고**, 이로써 옛 남편인 죄의 몸과는 "**이혼**"이 이루어졌다.

4) 죄의 몸에서 자유롭게 된 혼은 "**새 남편**," 곧 죽은 자들로부터 살아나신(4절) "**예수 그리스도**"와 혼인하게 됨으로써 "**합법적인 재혼**"이 이루어졌다. 『**주와 합하는 자는 한 영이니라**』(고전 6:17). **구원받은 성도는 바로 이런 원리에 의해 예수 그리스도와 하나로 연합하게 되었다**.

〈예수 그리스도와 혼인함으로써 이루어진 결과는 무엇인가?〉

① 죄의 몸은 죽었고, 영은 살아났으며(거듭났으며), 혼은 죽은 몸에서 분리되어 구원을 받았다.

② 죄의 몸의 지배로부터 자유롭게 되었다(롬 6:7). 영적 할례를 통해 혼이 몸과 분리됨으로써 더 이상 죄에 종속되어 율법에 얽매이지 않을 수 있게 된 것이다(롬 6:14,15).

③ 육신 안에서 죄의 종이 되어 사망에 이르는 열매를(5절, 롬 6:16,21) 더

이상 맺지 않고, 성령 안에서(롬 8:9) 하나님의 종이 되어 거룩함에 이르는 열매를 맺을 수 있게 되었다(4절, 롬 6:22).

④ 율법으로부터 구제되었기 때문에, 이제는 "법문의 낡은 것"(율법)이 아니라 "영의 새로움"(생명의 새로움, 롬 6:4)으로, 곧 허물과 죄들 가운데 죽어 있었다가(엡 2:1) 다시 살아난 영인 새 사람을 통해 섬길 수 있게 되었다(6절).

3. 율법의 특징과 목적(7-14절)

1) 율법은 **죄를 알게 해 준다**(7절, 롬 5:13; 4:15). 율법 덕분에 죄를 알게 되었으므로, 율법 자체를 "죄"라고 말할 수는 없다.

2) 율법이 죄를 죄라고 가르쳐 주는 가운데 계속해서 우리의 죄를 지적하게 되면, 죄는 이것을 기회로 삼아 기회가 있을 때마다 "자기 존재"를 과시하면서 우리 위에 군림하려고 할 것이다.

➠ **따라서 율법이 없었다면 죄는 자기가 존재한다는 것조차 알리지 못했을 것이다**. 그래서 『**율법이 없으면 죄는 죽은 것임이라.**』(8절)라고 말씀하신다.

3) 율법은 죄를 살아나게 함으로써 우리에게 죽음을 가져왔다(9절).

➠ 왜냐하면 율법에 의해 수많은 죄들이 죄들로 낱낱이 드러나고 있고, 그 죄들은 결국 "죽음"을 통해 청산되어야 하기 때문이다. 죄에 의한 죽음의 선고는 모든 사람에게 예외 없이 적용된다. 『**죄의 삯은 사망이요**』(롬 6:23).

4) "율법"은 죄를 짓지 않게 함으로써, 사망에 이르지 않도록, 곧 생명에 이르도록 주어졌지만, 그 사람이 율법을 지키지 못한 결과 그를 사망에 이르게 하는 것으로 판명되었다(10절). **문제는 율법에 있는 것이 아니고, 율법을 어기고 죄에 굴복한 사람에게 있는 것이다**. 그런 면에서 "죄"는 율법(계명)을 통해 우리를 "속이는"(11절) 거짓말쟁이와 사기꾼이 되었고, 또한 우리를 "죽이는"(11절) 살인자가 되었다.

죄가 사람들을 속이는 목적은 사람들을 죽이려 하는 "죄의 본래 속성"에서 기인한 것이고, 사람들이 죄에 쉽게 속아 사망에 이르는 것은 "인간 육신의 본래 속성"에서 기인한 결과이다.

5) 거룩하고 의로운 선한 율법은(12절) 구주의 필요성을 가르쳐 주기 위해, 우리의 죄가 얼마나 극심하고, 죄를 짓는 우리가 얼마나 악하고 불의하며 더러운지 깨닫게 해 준다(13절). **율법은 우리를 그리스도께로 인도하는 지도교사의 역할을 하고 있는 것이다(갈 3:24)**.

6) 율법은 영적인 것이지만, 인간은 육신적이어서 죄 아래 팔렸다(14절). 이것은 "율법이 죄냐?"(7절)라는 질문에 대한 최종적인 답변이다. 말하자면 영적인 율법 그 자체에는 문제가 없고, 육신적인 인간에게 문제가 있다는 것이다.

〈율법은 거울과 같다〉

거울은 그저 우리의 얼굴을 있는 그대로 반사해 줄 뿐이다. 거울은 얼굴을 더 아름답게 만들어 줄 수 없을 뿐만 아니라, 얼굴의 더러움을 제거해 주지도 못한다. 즉 거울은 깨끗이 씻을 필요가 있다는 것을 가르쳐 줄 수는 있어도, 직접 더러운 부분을 닦아내 주지는 못하는 것이다. 거울이 더러움을 제거하는 데 무능한 것과 같이, 율법의 행위도 구원에 관해서는 전적으로 무능하다. 즉 율법의 행위로는 그 누구도 구원받을 수 없는 것이다.

그리스도인의 두 가지 성품(15-25절)

1. "옛 사람" vs. "새 사람"

구원받은 성도가 죄와 치르는 전쟁은 너무도 치열해서 제1,2차 세계대전이 주일학교 소풍 정도로 보일 정도이다. 성도가 이렇게 치열한 싸움을 경험할 수밖에 없는 이유는, 구원받을 때 그 안에 "새 사람"이 형성되기 때문이다. 구원받기 전에는 그 사람 안에 "옛 사람"만 있었기 때문에 싸움이 일어날 여지가 없었다. 그러나 구원받은 성도 안에는 "두 사람," 곧 "옛 사람"과 "새 사람"이 공존하고 있어 둘 간의 싸움은 휴거 때까지, 즉 "옛 사람"을 벗어 버리기 전까지 지속된다.

1) "옛 사람"은 아담의 형상 안에 있는 사람으로서 "겉 사람"이라고도 하는데, "죄의 씨," 곧 "죄의 본성"을 갖고 있다. 그래서 옛 사람은 죄를 지을 수밖에 없다.

옛 사람(겉 사람) vs. 새 사람(속 사람)
아담 vs. 예수 그리스도 (골 3:9-11, 엡 2:15)
죄의 몸 vs. 거듭난 영 (롬 6:6, 고전 6:17, 요일 3:9)
옛 성품 vs. 새 성품 (엡 4:22-24, 골 3:12, 롬 13:12-14)

2) "새 사람"은 그리스도 예수 안에 있는 사람으로서 "속 사람"이라고도 하며, 하나님의 본성에 동참한 사람이다(벧후 1:4). <u>이 본성은 하나님의 본성이므로 결코 죄를 지을 수 없다</u>.

2. "옛 사람"과 "새 사람" 간의 갈등(15-23절)

1) 옛 사람은 새 사람이 "원하는 것"을 행하지 않고 "미워하는 것"을 행한다(15,16절).

2) "죄의 본성"은 옛 사람에게서 나오기 때문에, 새 사람이 원치 않는 것을 행하는 존재는 "육신 안에 거하고 있는 죄"이다(17-20절).

➡ <u>새 사람(속 사람)은 하나님에게서 난 사람으로서(요 1:13) 거듭난 영을 가리키는데, 주님과 연합되었기 때문에(고전 6:17) 결코 죄를 지을 수 없다(요일 3:9)</u>.

3) 인간의 "육신" 안에는 선한 것이 단 하나라도 들어 있지 않은데(18절), 주 예수 그리스도를 믿음으로써 영이 거듭나고 혼이 구원받은 그리스도인들이라 할지라도 <u>몸은 여전히 "죄의 몸"으로서(롬 6:6) 구속받지 못한 상태이다. 그리스도인들의 몸은 휴거 때에 가서야 완전히 변화되고 구속된다</u>(롬 8:23, 요일 3:2).

4) "선을 행하고자 할 때 악이 함께 있다."라고 하는 "법" 하나가 발견되는

(21절) 이유는 옛 사람과 새 사람이 공존하면서 서로 갈등하고 있기 때문이다.

(1) "새 사람"(속 사람)은 "하나님의 법"(하나님의 계명)을 즐거워한다(22절).

(2) "지체들 속에 있는 또 하나의 법"은 하나님의 법을 따르려 하는 "생각의 법"(하나님의 법을 즐거워하는 속 사람의 법칙)과 싸워 우리 자신을 "지체들 속에 있는 죄의 법"(죄와 사망의 법, 롬 8:2)에게로 사로잡아 와서 죄의 법을 따르게 한다(23절).

5) 사탄은 옛 사람을 통해 우리를 관장하려 하고, 성령님께서는 새 사람을 통해 우리를 주관하려고 하신다. 『**육신은 성령을 거슬러 욕심을 부리며 성령은 육신을 거스르나니 이들은 서로 반목하여서 너희가 하고자 하는 것을 하지 못하게 하느니라**』(갈 5:17).

3. 누가 이 사망의 몸에서 구해 줄 수 있는가?(24,25절)

1) 두 개의 모순된 본성이 끊임없이 갈등을 일으키기 때문에, 항상 기뻐해야 할 그리스도인은 『**오, 나는 비참한 사람이로다!**』(24절)라고 탄식하게 된다.

2) 영광의 소망 안에서 즐거워하고 그리스도 예수 안에서 기뻐하는 그리스도인은 때때로 육신을 따라 죄를 짓기도 하는데, 이는 우리의 몸이 여전히 "죄의 몸"이고, 죄가 우리의 몸을 다스림으로써 우리로 하여금 죄를 짓게 하기 때문이다. 과연 『**누가 이 사망의 몸에서 나를 구해 낼 것인가?**』(24절)

3) 위 질문에 대한 궁극적인 답변이 25절에서 제시되고 있다. 『**예수 그리스도 우리 주를 통하여 하나님께 감사하노라.**』 다시 말해 주 예수 그리스도께서 이 사망의 몸(죄의 몸)을 구속하여 그분의 영광스러운 몸으로 만드실 휴거 때, 현재 우리가 겪는 이 문제에서 완전히 벗어날 수 있는 것이다. **그날이 올 때까지 우리가 죄에 대해 승리할 수 있는 방법이 있다면, 그것은 곧 "성령을 따라 행하는 것"이다(롬 8:1)**.

그리스도인은 영적으로는 그리스도 안에 있고 셋째 하늘에 올라가 있지만, 실제로는 여전히 육신 안에 지리적으로 머무르고 있다. 이 육신은 죽어 가고 썩어 가는 송장인데도 우리는 그 육신 안에서 마음대로 벗어날 수 없다. 이 육신은 일종의 감옥으로서, 우리는 이 감옥에서 마음대로 나갈 수가 없는 것이다!

■ 새롭게 깨달았거나 적용할 내용이 있다면 적어 보세요. ■

제1과
복습문제

1. 로마서 7장의 "남편과 아내"에 관한 내용에서(롬 7:1-6), 죽은 옛 남편은 "율법"을 가리킨다. (O , X)

2. 로마서 7장의 "남편과 아내"에 관한 내용에서(롬 7:1-6), 새 남편은 "예수 그리스도"를 가리킨다. (O , X)

3. 로마서 7장의 "남편과 아내"에 관한 내용에서(롬 7:1-6), 아내는 "혼"을 뜻한다. (O , X)

4. 『이는 우리가 (　　　　　) 안에 있었을 때에는 죄들의 정욕이 율법을 통하여 우리의 지체 속에서 역사하여 (　　　　　)에 이르는 열매를 맺었으나』(롬 7:5).

5. 구원받는 순간 우리는 "영적 수술"을 받았는데, 이것을 "영적 할례"라고 한다. (O , X)

6. 율법은 (　　　　)를 알게 해 준다(롬 7:7).

7. 『그러나 죄가 계명을 통하여 기회를 잡아 내 안에서 온갖 색욕을 일으켰느니라. 이는 율법이 없으면 (　　　　)는 죽은 것임이라』(롬 7:8).

8. 율법은 거룩하고 의롭고 선할 뿐(롬 7:12), 우리를 그리스도께로 인도하는 지도교사의 역할을 하지는 못한다(갈 3:24). (O , X)

9. "옛 사람"(겉 사람)과 "새 사람"(속 사람)의 대조는 ① "아담" 대 "예수 그리스도" ② "죄의 몸" 대 (   ) ③ "옛 성품" 대 "새 성품"의 대조를 보여 준다.

10. "새 사람"은 그리스도 예수 안에 있는 사람으로서, 하나님께로부터 난 사람이며(요 1:13), 하나님의 본성에 동참한 사람이다(벧후 1:4). (O , X)

11. "새 사람"도 죄를 지을 수 있다. (O , X)

12. 그리스도인들이라 할지라도 몸은 여전히 "죄의 몸"으로서(롬 6:6) 구속받지 못한 상태이다. 거듭난 그리스도인들의 몸은 휴거 때에 가서야 완전히 변화된다. (O , X)

13. "내가 선을 행하고자 할 때 악이 함께 있다."는 것은 옛 사람과 새 사람이 공존하면서 서로 갈등하고 있음을 뜻한다. (O , X)

14. 『내 생각의 법』(롬 7:23)은 『하나님의 법』(롬 7:22,25)이다. (O , X)

■ 복습 문제의 정답은 홈페이지(www.solomonbtc.org)에서 확인할 수 있습니다.

NOTES

NOTES

제2과

구원의 영원한 보장과 휴거의 소망(8장)

『그러므로 이제 그리스도 예수 안에 있는 자들에게는 결코 정죄함이 없나니, 그들은 육신을 따라 행하지 아니하고 성령을 따라 행하느니라』(롬 8:1).

성령을 따라 행하는 세 가지 악

한 사람의 자연인이 거듭나서 그리스도인이 되려면, 그는 자연인의 관점에서 볼 때 "성령을 따라" 세 가지 악을 행해야 한다.

첫째, 아버지를 버리는 "패륜"을 저질러야 한다. 그의 아버지는 마귀였고, 그는 마귀의 자녀였다. 그런데 구원받을 때 그는 새로운 아버지를 선택했고, 따라서 원래의 아버지를 버린 것이다.

둘째, 애인을 버리는 "배신"을 저질러야 한다. 그의 애인은 세상이었고, 세상도 그를 사랑했다. 그러나 구원받을 때, 그는 예수 그리스도를 사랑하기로 했고, 그의 신부가 되기로 했다. 그래서 그는 원래의 애인을 버린 것이다.

셋째, 그는 "살인"을 저질러야 한다. 그는 구원받을 때, 그의 옛 사람을 예수 그리스도와 함께 십자가에 못 박아 죽였다. 한때 그는 옛 사람과 친구였으나, 이제는 더 이상 친구가 아니다.

성령님의 인도하심에 순종한 결과 기쁨이나 행복을 느꼈던 경험을 간단히 적어 보세요.

➠

성령의 사역(1-27절)

1. 성령을 따라 행하는 그리스도인(1-13절)

1) 그리스도인들은 본래 **성령을 따라 행하는 자들이기 때문에 "영원한 정죄"(지옥)는 물론, "일시적인 정죄"(징계, 1절)도 받지 않는다**. 그러나 육신을 따름으로써 죄를 짓게 되면 아들로서 징계를 받게 되고, 계속되는 징계에도 돌이키지 않고 죄를 지속하면 하나님께서 그 육신의 몸을 죽이기도 하신다(고전 11:29,30, 롬 8:13; 14:22,23).

2) 그리스도인들은 **생명의 성령의 법을 통해 죄와 사망의 법에서 해방된 사람들이다**(2절). 왜냐하면 육신의 죄들의 몸을 벗어 버렸기 때문이다(골 2:11).

〈생명의 성령의 법〉

"생명의 성령의 법"은 어떤 사람이 예수 그리스도를 구주로 영접할 때 자동으로 일어나는 영적인 법으로서, 다음 세 가지 주된 역사를 일으킨다.

❶ 새로운 출생(거듭남, 영이 다시 살아남)

❷ 성령 침례(그리스도의 몸에 연합됨)

❸ 영적 할례(육신의 죄들의 몸을 벗어 버림)

3) 그리스도인들은, 하나님께서 죄로 삼으시고(고후 5:21) 저주가 되게 하신(갈 3:13) **예수 그리스도를 통해 의를 전가 받은 사람들로서**, 이 일을

우리 안에서 이루신 성령 하나님을 따라 행하는 사람들이다(3,4절).

4) 그리스도인들이 육신을 따라 육신적인 생각을 하면 "사망"을 가져오게 되고, <u>성령을 따라 영적으로 생각하면 "생명과 화평"을 가져오게 된다</u>(5,6절).

5) 그리스도인들은 하나님의 영이 그 안에 거하는 사람들로서 육신 안에 있지 않고 <u>성령 안에 있기에 하나님을 기쁘시게 할 수 있는 위치에 있다</u>(7-9절). 반면에 "육신 안에 있는 자들," 곧 구원받지 않은 자들은 결코 하나님을 기쁘시게 할 수 없다(8절).

6) 구원받은 그리스도인들은 죄로 인해 몸이 죽은 자들인데, <u>이는 생명의 성령의 법이 그 육신을 죽이고 의로 인한 영원한 생명을 소유하게 했기 때문이다</u>(10절).

7) 그리스도인들은 "<u>그리스도를 죽은 자들로부터 살리신 분의 영</u>"으로 인하여, 장차 "하나님의 아들들"의 신분에 걸맞은 변화된 몸, 곧 부활한 몸을 입게 될 것이다(롬 8:23, 엡 1:18,19). 『**너희 안에 거하시는 그분의 영으로 인하여 너희의 죽을 몸도 살리시리라**』(11절).

8) 그리스도인들은 육신에 빚을 진 자들이 아니므로, <u>성령을 통해 몸의 행실을 죽여야 한다</u>(12,13절). 예수님께서 주신 자유를 성령의 인도하심을 따라 하나님의 영광을 위해 사는 데 사용해야 하고, 육신의 요구와 생각, 육신을 따르는 모든 것을 죽여야 한다(골 3:5). <u>그리스도인들은 육신을 십자가에 이미 못 박은 사람들임을 유념해야 한다(갈 5:24)</u>.

그리스도인은 "사탄"을 대적하고, "세상"을 사랑하지 말며, "육신"을 죽여야 한다!

2. 성령의 인도함을 받는 그리스도인(14-27절)

1) 구원받은 그리스도인들은 **하나님의 영으로 인도함을 받는 하나님의 아들들이다**(14절).

(1) 하나님의 영으로 인도함을 받는 일은, 어떤 특별한 상황에서 성령의 인도하심을 따르는 것에만 적용되는 것이 아니고, 구원받을 때 자동으로 이루어지는 일을 의미한다. **즉 성령님께서는 무슨 일이 있어도 모든 그리스도인을 하늘나라로 인도해 가실 것이다**.

(2) 예수 그리스도의 의를 통해 하나님의 아들로 입양된 자로서, 두려워하는 종의 영을 받지 않고, "**양자 되는 영**"을 받았다(15절, 갈 4:4-7).

(3) 성령 하나님께서는 우리가 하나님의 자녀임을 증거하신다(16절).

(4) 하나님의 자녀들이라면 "**하나님의 상속자들**"이자, "**그리스도와 함께한 공동 상속자들**"이다(17절).

❶ "하나님의 상속자들"이라는 것은, **하나님의 아들들이기 때문에 자동으로 받게 되는 유업과 연관이 있는데**, 곧 "**구속받은 몸**"(롬 8:23)과 "**새 예루살렘**"(벧전 1:4, 갈 4:26)을 상속받게 된다.

❷ "그리스도와 함께한 공동 상속자들"이라는 것은, **고난과 박해를 인내로 견디면서 신실하게 섬긴 것에 대한 보상으로 주어지는 유업과 연관이 있는데**, 즉 그리스도와 함께 "**고난**"을 받았는가의 여부에 따라 "**천년왕국에서 통치할 땅과 성읍**"이 결정되는 것이다(딤후 2:10-12, 눅 19:17, 골 3:24).

"상속자"로서 ❶ "자동으로 받게 되는 유업"과 ❷ "보상으로 받게 되는 유업"을 구분해서 써 보세요.

❶ "자동" ➠

❷ "보상" ➠

(5) 이런 이유로 현 생애에서 고난을 받는 것인데(17절), 현재 받는 고난들에 대하여 "장차 받게 될 영광에 비하면 이 정도는 아무것도 아니다!"라고 말할 수 있는 그리스도인은 행복한 성도이다(18절). 『**이는 우리가 잠시 받는 가벼운 환난이 우리를 위하여 훨씬 뛰어난 영원한 영광의 비중을 이루어 가기 때문이라**』(고후 4:17).

2) 그리스도인들은 성령의 첫열매들을 가진 자들로서 몸의 구속을 기다리고 있다(23절).

(1) "피조물"이 간절한 기대를 가지고 하나님의 아들들이 나타날 것을 기다리고 있는데(19절, 요일 3:2), 이것은 그리스도인이 썩어짐의 속박(21절), 곧 썩어질 육신(겉 사람, 고후 4:16)에서 해방되어 "하나님의 자녀의 영광스러운 자유"에 이르기를 기다리고 있다는 것을 의미한다(21절).

(2) 지금은 비록 "허무한 데," 곧 "사망의 몸"에 굴복하고 있지만, 그것은 장차 그 문제가 해결될 것을 소망할 수 있도록 하기 위한 하나님의 조치이며(20절), 그 문제를 해결하실 주님께서 오실 때 그 몸의 구속은 이루어진다(23절).

(3) 모든 창조물도 함께 신음하고 고통받는 가운데(22절), 그리스도인들의 몸의 구속을 기다리고 있으니, 이는 그 일을 이루실 주 예수 그리

스도께서 재림하셔야만 이 땅과 그 안의 모든 창조물도 저주에서 벗어날 수 있기 때문이다(사 11:4-9). **말하자면 창조물은 인간이 먼저 회복되지 않는 한(21절) 결코 회복되지 못하는 것이다.**

〈몸의 구속〉

그리스도인들은 "몸의 구속"을 기다리고 있는 사람들로서, 소망에 의해 구원받은 사람들이다(24절). 몸의 구속을 기다리고 있다는 것은 현재 우리가 받은 "구원이 불확실하다는 뜻이 아니다." 현재 우리의 혼은 구원받았지만, "몸"이 구속받지 못했을 뿐이다. 이 구절은 우리에게 몸의 구속과 연관된 소망이 있음을 보여 준다. 몸의 구속은 예수 그리스도의 재림과 함께 성경에 명시적으로 약속되어 있기에 우리는 확실한 소망을 가지고 인내로 기다리게 된다.

3) 성령 하나님께서는 그리스도인들을 위해 **말할 수 없는 신음으로 중보하신다**(26,27절).

(1) 성령님께서는 우리가 절망과 비탄에 젖어서 어떻게 기도해야 할지 모를 때, 혹은 위험천만한 잘못된 기도를 드리고 있을 때, 우리를 위해 신음하며 중보하신다(26절).

(2) 하나님께서는 성령님의 생각이 무엇인지 일일이 파악하시는데, 이는 성령님께서 우리를 위해 항상 하나님의 뜻에 합당하게 중보하시기 때문이다(27절).

〈그리스도인에게는 두 분의 중보자가 계신다〉

❶ 한 분은 "하늘"의 보좌에 앉아 계신 대제사장으로서 우리의 변호인이신 "예수 그리스도"이시다(히 7:25).

❷ 다른 한 분은 이 "땅"에 계신 분으로서 우리의 위로자이신 "성령 하나님"이시다.

구원의 영원한 보장(28-39절)

1. 모든 일이 합력하여 선을 이루게 하신다(28절).

하나님을 사랑하는 자들, 곧 그분의 목적에 따라 부르심을 받은 자들은 "거듭난 모든 성도들"을 의미하는데, 그러한 그리스도인들에게는 "모든 일," 즉 환난, 곤경, 박해, 기근, 헐벗음, 위험, 칼 등과 같은 모든 어려운 상황들을 포함한 모든 일이 합력하여 선을 이룬다는 위대한 약속이 주어져 있는 것이다.

"암송"

로마서 8:28을 암송해서 써 보세요.

➠

2. 아들의 형상과 일치되도록 예정하셨다(29,30절).

1) 하나님께서는 예수 그리스도를 믿고 구원받게 될 사람들에 대해 **미리 알고 계셨다.**

2) 미리 아신 자들을 자기 아들의 형상과 일치하게 하시려고 **예정하셨다**.

➡ 어느 누군가를 "**구원받도록 예정**"하신 것이 아니라, 예수 그리스도를 믿고 영접하여 그리스도 안으로 들어온 성도들을 "**예수 그리스도의 몸과 같은 몸을 입을 수 있도록 예정**"하신 것이다(엡 1:3-6, 히 2:10-13).

3) 예정하신 이들을 **부르셨고**, 부르신 이들을 **의롭게 하셨으며**, 의롭게 하신 이들을 **영화롭게 하셨다**.

3. 구원을 영원히 보장해 주셨다(31-39절).

1) 죄와 육신과 세상과 마귀가 대적해도 **구원을 취소시킬 수 없다**(31절).

2) 하나님께서는 아들을 아끼지 않고 내어 주셨고, 아들과 함께 구원을 포함한 **모든 것을 값없이 주셨다**(32절).

3) 하나님께서 예수님을 통해 우리의 죄를 완전히 처리하시고 하나님의 의를 주셨으므로 아무도 우리에게 **죄에 대한 혐의를 씌울 수 없다**(33절).

4) 십자가에서 죽으시고 무덤에 장사되셨다가 다시 살아나신 예수 그리스도께서 하나님의 오른편에서 우리를 위해 중보하고 계시기에 어느 누구도 우리를 **정죄할 수 없다**(34절).

5) "그리스도 예수 우리 주 안에 있는" "하나님의 사랑"에서(이중 안전장치) 우리를 **떼어 놓을 수 있는 것은 아무것도 없다**(35-39절).

〈구원이 영원히 보장되는 일곱 가지 이유〉

① 예수 그리스도를 믿는 순간 하나님의 아버지의 택하심을 받기 때문이다(벧전 1:2).

② 예수 그리스도와 하나가 되었기 때문에 구원이 변할 수 없다(고전 6:17, 엡 5:30-32).

③ 영원한 생명이 값없는 선물로 주어지기 때문이다(롬 6:23, 요 3:16, 요일 5:11-13).

④ 예수님께서 우리를 위해 중보하시기 때문에 구원을 잃어버릴 수 없다(롬 8:34).

⑤ 하나님의 능력으로 보호받고 있기 때문에 영원히 안전하다(벧전 1:5).

⑥ 구원이 우리 자신의 선함이 아니라, 죄 없으신 분의 완전한 의에 근거한 것이기 때문이다(롬 4:25; 5:15-21; 10:3,4, 고전 1:30,31).

⑦ 하나님의 영원한 계획 속에 포함되어 있기 때문이다(엡 1:10-14; 2:7; 3:9-11,21).

■ 새롭게 깨달았거나 적용할 내용이 있다면 적어 보세요. ■

제2과
복습문제

1. 그리스도인이 육신을 따름으로써 죄를 짓게 되면 아들로서 징계를 받게 되고, 계속되는 징계에도 돌이키지 않고 죄를 지속하면 하나님께서 그 육신의 몸을 죽이기도 하신다(고전 11:29,30, 롬 8:13; 14:22,23). (O , X)

2. 그리스도인들은 생명의 성령의 법을 통해 ( )의 법에서 해방된 사람들이다(롬 8:2). 왜냐하면 육신의 죄들의 몸을 벗어 버렸기 때문이다(골 2:11).

3. "생명의 성령의 법"의 주된 역사는 ❶ 새로운 출생, ❷ 성령 침례, ❸ 영적 ( )이다.

4. 그리스도인들은 "사탄"을 대적하고, "세상"을 사랑하지 말며, ( )을 죽여야 한다!

5. 그리스도인들은 아들의 형상과 일치되도록 예정되었다(롬 8:29). (O , X)

6. 구원받은 그리스도인들이 "하나님의 상속자"들로서 자동으로 받게 되는 유업은 ( )과 "새 예루살렘"이다.

7. 그리스도인이 "그리스도와 함께한 공동 상속자"로서, 즉 그리스도와 함께 "고

난"을 받았는가의 여부에 따라 받는 유업은 "천년왕국에서 통치할 땅과 성읍"이다. (O , X)

8. 『그들뿐만 아니라 성령의 첫열매들을 가진 우리까지도 속으로 신음하며 양자 되는 것, 곧 우리 (   )을 기다리고 있느니라』(롬 8:23).

9. 『이와 같이 성령께서도 우리의 연약함을 도우시나니 이는 우리가 마땅히 기도해야 할 것을 알지 못하나 성령께서 친히 말할 수 없는 신음으로 우리를 위하여 (   )하시기 때문이라』(롬 8:26).

10. 『우리가 알거니와 하나님을 사랑하는 자들, 곧 그분의 목적에 따라 부르심을 받은 자들에게는 모든 일이 합력하여 선을 이루느니라.』(롬 8:28)라는 말씀에서 『모든 일』에는 환난, 곤경, 박해와 같은 "모든 어려운 상황들"이 포함된다. (O , X)

11. 그리스도인이 일단 구원받았다 해도 구원이 무조건 보장되는 것은 아니며, 하나님을 사랑하고 신실하게 섬김으로써 자신의 믿음을 온전히 유지해야 한다. (O , X)

■ 복습 문제의 정답은 홈페이지(www.solomonbtc.org)에서 확인할 수 있습니다.

NOTES

NOTES

제3과

걸려 넘어진 이스라엘(9장)

『어찌하여 그렇게 되었느냐? 이는 그들이 믿음으로 의를 구하지 아니하고 율법의 행위로 되는 것처럼 구하였기 때문이라. 그들이 그 걸려 넘어지게 하는 돌에 넘어진 것이라』(롬 9:32).

이스라엘의 상태

로마서 9장부터 11장까지는 교회 시대에 이스라엘과 이방인을 향한 하나님의 경륜적인 계획을 다루고 있다. 초림 당시 그들의 왕이신 예수 그리스도를 거부한 유대인들은 교회 시대에도 그분의 십자가의 죽으심과 부활을 통해 완성된 은혜의 복음을 지속해서 거부했다. 특히 은혜의 복음을 전파했던 사도 바울의 증거를 거부했는데, 소아시아에서 거부했고(“아시아,” 행 13:46), 그리스에서 거부했으며(“유럽,” 행 18:6), 로마에서 거부했다(“온 세상,” 행 28:28). 결국 바울은 그들을 향해 이렇게 경고했다. 『**그러므로 하나님의 구원을 이방인들에게 보낸 것과 그들이 그것을 들을 것을 너희가 알라**』(행 28:28). 이처럼 그들의 불신과 지속적인 거부로 인해 하나님께서는 이스라엘을 현 교회 시대에 일시적으로 한쪽에 제쳐두셨다. 하지만 『**너를 축복하는 자는 복을 받으며 너를 저주하는 자는 저주를 받으리라.**』(민 24:9)라는 약속은 여전히 유효하며, 시대에 따른 하나님의 경륜적인 계획과 목적에 따라 재림 때 그들은 반드시 민족적으로 회복될 것이다(롬 11:25-27).

■ 새롭게 깨달았거나 적용할 내용이 있다면 적어 보세요. ■

이스라엘에 대한 염려와 그들의 특권(1-5절)

1. 바울의 "양심의 증거"(1절)

1) 바울은 항상 하나님 앞에서 "양심의 거리낌이 없이" 온전한 선한 양심으로 살려고 노력했고(행 23:1, 딤후 1:3), 그 누구보다도 "양심의 중요성"을 강조했다(행 24:16, 딤전 1:19; 4:2, 딛 1:15).

2) 성령 하나님께서는 그리스도인의 양심을 살리셨고 정결케 하셨으며 그 기능을 강화해 주셨기 때문에, 성령의 인도하심을 따르는 양심은 옳고 그름을 더 잘 분별할 수 있는 잣대가 된다.

구원받은 사람의 양심은 마치 두 겹으로 된 체와 같다. 구원받지 못한 사람은 옳고 그름을 가려내는 양심의 체가 육신에 붙어 있는 "자아"에만 한 겹 척 걸쳐 있지만, 구원받은 사람은 양심의 체가 성령께서 들어와 계신 "새 사람"에게도 한 겹 더 생기기 때문에 모두 두 겹의 양심을 지니게 된다. 구원받지 못한 사람의 양심은 그 자체가 육신으로 더럽혀져 있으므로 옳고 그름을 가려내는 체로서의 구실을 제대로 하지 못한다. 옳고 그름을 가려낼 그물망의 기능을 상실한 것이다. 따라서 구원받은 성도는 이중으로 된 양심을 통해 구원받지 못한 사람에게 무엇이 옳은지 그른지를 두 번에 걸쳐 가려내 주지 않으면 안 된다. 즉 구원받지 못한 사람은 구원받은 그리스도인의 말에 귀를 기울여야 하는 것이다.

2. 바울의 "큰 근심과 그치지 않는 슬픔"(2,3절)

1) 바울은 동족인 구원받지 않은 이스라엘 사람들에 대해 슬픔의 짐을 지고 있었으며(2절), 그들의 구원을 위해서라면 자신이 저주받을 수 있기를 원했다(3절). 모세도 이와 유사한 간구를 했다(출 32:31,32, cf. 겔 22:30, 렘 5:30,31).

그러나 모세도 바울도 자신이 대신 저주를 받아 누군가를 구원할 수 없었다. 오직 예수 그리스도만이 이방인들과 유대인들의 죄로 인한 저주를 대신 받으시고 그들을 구원하실 수 있는 것이다(갈 3:13).

2) 바울은 자신의 동족의 구원에 대한 부담 때문에 주님의 직접적인 뜻을 저버리면서까지 예루살렘으로 올라가기도 했다(행 21:4,11-13; 22:18-20).

3. 이스라엘 민족의 특권(4,5절)

양자	민족적으로 하나님의 아들로 입양됨, 하나님께서 택하신 백성(출 4:22,23, 민 23:9, 출 19:5, 신 14:2; 26:18, 시 135:4)
영광	구약에서 실제로 하나님의 영광을 보았음(출 13:21,22; 24:9-11)
언약들	아브라함의 언약(창 12,15장), 모세의 언약(출 19,20장), 다윗의 언약(삼하 7장) ※ 새 언약(렘 31:31-40, 히 8장)
율법	하나님의 율법을 받았음 ※ 성경 기록자는 모두 유대인들임(롬 3:2)
섬김	성막, 제사장직, 출애굽기와 레위기에 기록된 모든 규정들

약속들	민족적이고 개인적인 약속들을 받았음(예언들과 잠언들의 형태로 주어짐)
조상	아브라함, 이삭, 야곱, 야곱의 열두 아들들(특히 유다와 요셉) ※ 다윗(행 2:29)
그리스도	이스라엘에 속한 마리아에게서 예수 그리스도께서 태어나심(사 9:6, 미 5:2)

아브라함의 약속의 자녀(6-13절)

1. 약속의 자녀

➡ 모든 아브라함의 씨가 약속의 자녀가 아니며, 이삭(7절)과 야곱(13절)을 따라 태어난 자들만이 참된 물리적인 이스라엘이다. 따라서 이스마엘과 에서를 따라 난 자들은 약속의 자녀에 해당되지 않는다.

2. 하나님의 자녀

1) 믿음으로 말미암아 은혜로 구원받는 이 교회 시대에는 물리적인 유대인이라도 "**약속의 씨**"인 예수 그리스도를 믿는 유대인만 영적인 아브라함의 씨이고, 또 하나님의 자녀이다(갈 3:16,7,26,29).

2) 바울은 이런 맥락에서 "**이스마엘과 이삭**," "**에서와 야곱**"의 경우를 예로 들고 있다. 로마서 9장과 갈라디아서 3장에서 말씀하는 "**약속**"은 영적인 것으로서, "**믿음으로 인한 성령의 약속**"에 적용된다(창 18:10,18, 롬 9:9, 갈 3:8,14). 『**이는 아브라함의 복이 예수 그리스도로 말미암아 이방인들**

에게 미치게 함이며 또 우리로 하여금 믿음으로 말미암아 성령의 약속을 받게 하려는 것이라』(갈 3:14).

〈칼빈주의자들의 첫 번째 오류〉

『택하심을 따른 하나님의 목적이 행함에 의해서가 아니라 부르시는 그분에 의해서 있게 하시려고』(11절). 『내가 야곱은 사랑하였고 에서는 미워하였노라』(13절). 이 두 구절은 칼빈주의자들이 "영원 전에 이루어진 무조건적인 선택"을 입증하기 위해 오용하는 구절들이다. 칼빈주의자들은 전후 문맥을 고려하지 않은 채 억지로 사사로운 해석을 한다.

❶ 야곱과 에서의 경우, 선택이 "영원 전"이 아니라 "리브카의 배 속"에 있을 때 일어났다.

❷ 선택이 "개인의 구원"과 관계가 없고 "어떤 민족을 자신의 백성으로 삼으시는가"(창 25:22,23)에 관한 "민족적 선택"이다.

❸ 이 선택은 "예정"(미리 정하심)에 의해서가 아니라 하나님의 "미리 아심"에 근거해서 이루어졌다(히 12:16; 11:21, 말 1:2,3). 성경에서 선택은 항상 "미리 아심"을 조건으로 하고 있다(롬 8:29,30, 벧전 1:2).

❹ 특히 야곱이 선택되었다고 해서 이스라엘 민족 "개개인"이 자동으로 구원받는 것은 아니다. 민족적으로 하나님께서 직접 다루셨고, 구약의 하나님의 백성이 되었으며, 메시아를 낳는 민족을 선택하심에 있어서 하나님께서는 미리 아심을 근거로 이스마엘과 에서를 제외하셨다(창 21:12,13; 25:31-33; 26:34,35). 한편 이삭과 야곱을 따라 태어난 사람들을 통해 그분의 민족을 형성하셨고, 또 그 민족으로부터 메시아가 나오도록 하셨다.

➠ 전후 문맥을 고려하지 않고 끼워 맞추기 식의 성경 해석으로 교리를 정립하는 것이 이단들의 가장 큰 공통점이다!

하나님의 자비하심(14-24절)

〈칼빈주의자들의 두 번째 오류〉

『그러므로 원하는 자에 의해서도 아니요, 달리는 자에 의해서도 아니며 오직 자비를 베푸시는 하나님에 의해서니라』(16절). 이 구절은 로마서 9:11과 에베소서 1:4 다음으로 칼빈주의자들이 가장 많이 오용하는 본문이다. 즉 주 하나님께서는 창세전에 구원을 받아서 하늘나라로 갈 자들과 버림을 받아서 지옥에 갈 자들을 미리 정해 놓으셨다는 것이며, 또한 이것은 죄인의 의지와 상관없이 하나님의 "주권"(sovereignty)에 달려 있다고 주장한다. 특히 로마서 9:17의 파라오를 예로 들면서, 하나님께서는 온 땅에 그분의 능력을 선포하시기 위해 선정하신 파라오를 심판하셨으므로, "파라오는 애당초 구원받을 기회조차 없었다"고까지 주장하는 것이다. 하지만 칼빈주의자들은 다음 네 가지 진리를 간과했다.

❶ 본문은 아무도 거듭나지 않았고, 또 아무도 예수 그리스도 안에 있지 않은 "구약의 상황"이다. 즉 신약 교회 시대의 구원과는 아무 상관이 없다.

❷ 본문의 "원함"은 예수 그리스도를 영접하는 것과는 무관하다. 오히려 그것은 이 구절에서 인용한 출애굽기 33:12-23의 문맥에 따라, "이스라엘의 민족적 선택"과 연관이 있고, 하나님께서 이스라엘 민족에게 은혜와 자비를 베푸시기로 하신 결정과 관련이 있다.

❸ 하나님께서는 파라오가 이스라엘 백성을 가게 하지 않을 것을 미리 알고 계셨다(출 3:19). 또한 파라오가 자신의 의지로 하나님의 뜻을 거역하고(출 5:1,2) 사탄의 능력을 사용할 때까지 전혀 그의 마음을 완악케 하시지도 않았다(출 7:11-14). 즉 그 스스로 완악한 마음으로 결정한 죄들을 범

했을 때 그를 더욱 완악하게 하신 것이다.

❹ 하나님께서 한 개인이나 민족에게 자비를 베푸실지, 베푸시지 않을지의 결정은 오직 그분께 달려 있다. 물론 하나님의 "주권"에 따라 그런 결정이 무조건적으로 이루어지는 것은 아니다. 구약의 경우 다음과 같은 조건을 전제로 한다. 『**너는 그것들에게 절하지 말고 그것들을 섬기지 말지니라. 이는 나 주 너의 하나님은 질투하는 하나님임이니, 나를 미워하는 자들의 삼사 대까지, 그 조상들의 죄악을 그 자손들에게 미치게 하고 나를 사랑하고 나의 계명들을 지키는 자들에게는 수천 대까지 자비를 베푸느니라**』(출 20:5,6).

1. 자비의 권한은 하나님께 있다.

➡ **『그러므로 그분께서는 자비를 베푸시고자 하는 자에게 자비를 베푸시고 또 원하시는 자를 완악하게 하시느니라』(18절). 파라오가 두 번에 걸쳐 회개하고 순종할 수 있는 기회가 있었음에도 하나님을 거역했기에, 하나님께서는 파라오의 마음을 완악하게 하셨다(눅 17:1).**

신약의 경우, 하나님께서 어떤 죄인에게 자비를 베푸시는 기준은, "그 죄인이 하나님의 은혜의 복음을 믿는가 믿지 않는가"에 있다(딛 3:5). 즉 예수님을 통해 하나님께 나아올 때 하나님께서 자비를 베푸시기를 원하시는 사람이 될 수 있고, 반대로 예수님을 거부함으로써 하나님께서 그 마음을 완악하게 하시는 사람이 될 수 있는 것이다. 그러므로 하나님께 자비의 권한이 있다고 해서, 주님께서 사람의 자유 의지를 통제하여 그 사람으로 하여금 선이나 악을 행하도록 조종하시는 것이 아님을 분명히 알아야 한다.

2. 자비의 권한에 대한 반론

➡ **『그러면 네가 내게 "어찌하여 그분께서 여전히 잘못을 찾고 계시며 누가 그분의 뜻을 거역하였느냐?"라고 말하리라』**(19절). 그러나 본래부터 자신의 의도와는 상관없이 죄인으로 태어났다고 하는 사실이 예수님을 거절하기 위한 변명이 될 수 없다. 왜냐하면 하나님께서는 어디에 있는 어떤 사람이라도 회개하라고 명령하시기 때문이다(행 17:30).

3. 귀히 쓸 그릇과 천하게 쓸 그릇

➡ **『토기장이가 같은 진흙덩이로 하나는 귀히 쓸 그릇을, 하나는 천하게 쓸 그릇을 만들 권한이 없겠느냐?』**(21절) 창조주 하나님께는 귀히 쓸 그릇과 천하게 쓸 그릇을 만드실 수 있는 권한이 있다. 구약의 모세와 파라오처럼 말이다. 말하자면 하나님께서는 하나님의 뜻에 부응하여 예수님을 믿는 죄인들과 믿지 않는 죄인들을 다르게 다루실 권리가 있으신 것이다.

4. 진노의 그릇들과 자비의 그릇들

➡ **『하나님께서 그의 진노를 나타내시고 또 그의 능력을 알게 하시려고 멸하기에 합당한 진노의 그릇들을 심히 오래 참음으로 인내하시며 영광에 이르도록 예비된 자비의 그릇들에게 그의 영광의 풍요함을 알게 하고자 하셨다면 어찌하겠느냐?』**(22,23절) 하나님께서는 예수 그리스도를 구주로 믿는 자들을 "영광에 이르도록 예비된 자비의 그릇들"로 만드시고, 예수 그리스도를 믿지 않는 죄인들을 "그분의 진노와 능력을 알게 하시는 진노의 그릇들"로 만드신다(참고로 본문은 "가정적인" 구절들임).

〈토기장이와 그릇〉

1. "토기장이가 그릇을 어디에 쓸 것인지"는 아직 확정되어 있지 않다(딤후 2:19-22).
2. 토기장이는 "**순종**"을 근거로 하여 어떤 그릇을 다른 그릇으로 만듦으로써 그 그릇에 대해 갖고 있던 처음 생각을 바꿀 수 있다(렘 18:3-8).
3. 토기장이는 좋은 그릇을 취해서 쓰레기 더미에 던져 버릴 수도 있다(렘 19:1,4,10,11,12,13).

■ 새롭게 깨달았거나 적용할 내용이 있다면 적어 보세요. ■

이스라엘의 불신과 남은 자(25-33절)

『호세아의 글에서도 말씀하신 바와 같으니 "내가 내 백성이 아니었던 자들을 내 백성이라, 사랑받지 않았던 그녀를 사랑받는 자라고 부르리라. '너희는 나의 백성이 아니라.'고 그들에게 말한 그곳에서 그들이 '살아 계신 하나님의 자녀들'이라고 불리리라."고 하셨느니라』(25,26절). 이 구절들은 각각 호세아 2:23과 1:10을 인용하고 있다. 호세아의 본문들은 이스라엘이 버림을 받았다가 회복되는 것을 묘사하고 있다(호 1:6). 회복은 예수 그리스도의 재림 때 일어난다. 그러므로 "내 백성"과 "사랑받는 자"와 "살아 계신 하나님의 자녀들"은 "교리적으로" 대환란 기간에 구원을 받아 재림 때 천년왕국의 안식으로 들어가는 "이스라엘의 남은 자들"에게 적용된다.

1. 유대인 남은 자들

➡ 바울은 구약의 대환란과 천년왕국의 본문들을 종종 신약의 교회 시대와 연관해서 영적 적용을 한다. **그러나 본문의 경우는 교회 시대의 구원받은 이방인보다는 "교회 시대의 구원받은 유대인 남은 자들"에게 적용된다.** 이사야 10:22,23을 인용한 27,28절 말씀도 마찬가지다.

2. 『만군의 주께서 우리에게 한 씨를 남겨 두시지 아니하셨다면』(29절).

➡ 이사야 1:9을 인용한 것으로서, 대환란 때의 이스라엘의 남은 자들을 교회 시대에 구원받은 소수의 이스라엘 사람들에게 적용하고 있다. **특히 "씨"는 교회 시대에 아브라함의 "영적인 씨"(교회)와 잘 연결된다(갈**

3:16,29).

3. 의의 법에 이르지 못한 이스라엘(31,32절)

➡ 율법은 죄를 깨닫게 해 줌으로써 그리스도께로 인도하는 "**지도교사**"의 역할을 하는데(갈 3:24), 이스라엘은 그 율법의 행위들로 교만해져서 믿음으로 말미암는 예수 그리스도의 완전한 의를 거부하고 말았다.

4. 걸려 넘어진 이스라엘(33절)

➡ 예수님께서는 그분을 믿지 않는 유대인들에게 "거치는 반석"(사 8:14; 28:16, 마 21:42;44, 고전 1:23)이 되셨다.

5. 『누구든지 그를 믿는 자는 부끄러움을 당하지 아니하리라』(33절).

1) 이사야 28:16을 인용한 것으로서, 본래의 문맥은 대환란에 적용된다. 대환란 때 예수 그리스도를 구주로 믿는 자는 다급하게 되지 않을 것이며, 그는 대환란 끝까지 믿음과 행위를 지키게 된다(계 12:11).

2) 사도 바울은 구약의 본문을 영적으로 교회 시대에 적용하고 있는데, 곧 주 예수 그리스도를 구주로 믿은 유대인들은(이방인들을 포함하여) 부끄러움을 당하지 않는 것이다. 왜냐하면 예수 그리스도께서는 "하나님의 의"와 "하나님의 능력"과 "하나님의 지혜"이시며, 그들은 예수 그리스도를 믿음으로써 대환란과 백보좌 심판로부터 피할 수 있기 때문이다(고전 1:22-24,30).

〈로마서 9장의 핵심 내용〉

❶ 동족 이스라엘에 대한 사도 바울의 큰 근심과 그치지 않는 슬픔과 함께 9장은 시작된다.

❷ 바울은 현 이스라엘의 민족적인 불신에 관해 설명하고 있다.

❸ 이스라엘은 민족적으로 큰 특권을 받은 민족이었다. 특히 하나님께서는 그들의 하나님이셨다.

❹ 현 이스라엘 사람들의 상당수가 믿지도, 구원받지도 않았다는 사실은, 아브라함의 자녀, 곧 이스라엘의 자녀가 모두 약속의 자녀는 아니라는 사실과 맥을 같이한다.

❺ 구약 시대에 하나님께서는 그분을 사랑하고 계명들에 순종하는 이스라엘 백성에게 자비를 베푸셨고, 교회 시대에는 예수 그리스도를 믿는 성도들에게 자비를 베푸신다.

❻ 교회 시대에는 대환란 때의 남은 자들과 비교될 수 있을 정도의 소수의 이스라엘 사람들이 구원을 받는다.

❼ 이스라엘은 불신으로 인해 "거치는 반석"에 걸려 넘어졌다. 그에 반해 이방인들이 믿음으로 인한 의에 이르렀다.

▪ 새롭게 깨달았거나 적용할 내용이 있다면 적어 보세요. ▪

제3과 복습문제

1. 『그들은 이스라엘인들이라. 그들에게는 양자 됨과 영광과 언약들과 율법을 주심과 하나님을 섬김과 약속들이 있고 조상들도 그들의 조상이며 육신으로는 그리스도께서 그들에게서 나셨으니 그는 만물 위에 계셔서 영원히 송축받으실 (   )이시라. 아멘』(롬 9:4,5).

2. 모든 아브라함의 씨가 약속의 자녀가 아니며, 이삭과 야곱을 따라 태어난 자들만이 참된 물리적인 이스라엘이다. 따라서 이스마엘과 에서를 따라 난 자들은 약속의 자녀에 해당되지 않는다. (O , X)

3. 교회 시대에는 물리적인 유대인이라도 "약속의 씨"인 예수 그리스도를 믿는 유대인만 영적인 아브라함의 씨이고, 또 하나님의 자녀이다. (O , X)

4. 『내가 야곱은 사랑하였고 에서는 미워하였노라』(롬 9:13). 이것은 "영원 전에 이루어진 무조건적인 선택"을 입증해 주는 구절이다. (O , X)

5. 『그렇다면 우리가 무슨 말을 하리요? 하나님께 (   )가 있느냐? 결코 그럴 수 없느니라.』(롬 9:14).

6. 『그러므로 원하는 자에 의해서도 아니요, 달리는 자에 의해서도 아니며 오직 자비를 베푸시는 하나님에 의해서니라』(롬 9:16). 여기에서 "원함"은 예

수 그리스도를 영접하는 것과 관련이 있다. (O , X)

7. "파라오는 애당초 구원받을 기회조차 없었다."라는 칼빈주의자들의 말은 잘못된 것이다. 파라오는 두 번에 걸쳐 회개하고 순종할 수 있는 기회가 있었음에도 하나님을 거역했기에, 하나님께서는 파라오의 마음을 완악하게 하셨다. (O , X)

8. 창조주 하나님께서는 하나님의 뜻에 부응하여 예수 그리스도를 믿는 죄인들과 예수 그리스도를 믿지 않는 죄인들을 다르게 다루실 권리가 있으시다. (O , X)

9. 『만군의 주께서 우리에게 한 씨를 남겨 두시지 아니하셨다면 우리가 소돔과 같이 되고 또 고모라와 같이 되었으리라』(롬 9:29). 바울은 이 구절을 통해 대환란 때의 이스라엘의 남은 자들을 교회 시대에 구원받은 소수의 이스라엘 사람들에게 적용하고 있다. (O , X)

10. 『그런즉 우리가 무슨 말을 하리요? 의를 따르지 아니하던 이방인들이 의에 이르렀으니 곧 (   )에서 난 의라』(롬 9:30).

11. 『어찌하여 그렇게 되었느냐? 이는 그들이 (   )으로 의를 구하지 아니하고 (   )의 행위로 되는 것처럼 구하였기 때문이라. 그들이 그 걸려 넘어지게 하는 돌에 넘어진 것이라』(롬 9:32).

■ 복습 문제의 정답은 홈페이지(www.solomonbtc.org)에서 확인할 수 있습니다.

NOTES

NOTES

NOTES

제4과
교회 시대의 이방인을 위한 구원 계획(10장)

『네가 네 입으로 주 예수를 시인하고 또 하나님께서 그를 죽은 자들로부터 살리신 것을 네 마음에 믿으면 구원을 받으리라』(롬 10:9).

주의 이름을 부르는 자

『**누구든지 주의 이름을 부르는 자는 구원을 받으리라.**』(롬 10:13)라는 말씀은 만민에게 동일하신 주 하나님께서 유대인과 이방인, 모든 사람을 차별 없이 구원하시려고 모든 인류에게 천명하신 복된 선언이다. 그러나 유대인들은 『**하나님의 의를 모르고 자기들의 의를 세우려 함으로써 그들 스스로 하나님의 의에 복종치 아니하였음이니라.**』(3절)라는 말씀처럼 『**하나님의 의**』를 거절함으로써 하나님께서 유대인에게 약속하신 복을 여전히 누리지 못하고 있다. 반면에 이방인들은 『**주의 이름**』을 부름으로써 하나님의 자녀들이 되었고 하나님께서 주시는 많은 복을 누리고 있다. 10은 "이방인들의 숫자"이다. 로마서 10장은 교회 시대의 이방인들을 위한 하나님의 구원 계획이 이방인들을 위한 사도 바울의 입을 통해 집중적으로 다루어지고 있는 장이다. 특히 14-18절은 하나님께서 "이방인들을 위한 선교사들"을 부르시는 내용으로 유명한 말씀이다.

그리스도인으로서 세상 죄인들에게 구원의 복음을 전한 경험들 가운데 가장 인상적이었던 경험을 간단하게 써 보세요.

➡

율법의 의와 믿음의 의(1-10절)

1. 지식을 따라 되지 않은 열성(2절)

1) 유대인들에게는 하나님께 대한 열성이 있었으나, 그것은 하나님의 말씀과 뜻에 따른 것이 아니었다(빌 3:4-6).

2) **하나님께서는 진리를 왜곡하고 진리에 무지한 자들의 열성을 결코 받지 않으신다**(고전 14:38). 진리의 지식에 대한 무지는 주님 앞에서 변명거리가 되지 못한다(행 17:26,27).

2. 하나님의 의를 거부하고 자기들의 의를 세움(3절)

1) 하나님의 의를 거부하는 것은, **자신들이 결코 이룩할 수 없는 의를 이뤄 놓으신 하나님의 아들을 거절하는 것을 의미한다.**

2) 완전한 사람의 완전한 의를 거절한 죄인들에게는 오직 불못에 들어가는 일만 남아 있다. 즉 죄인들이 주 예수 그리스도를 거절할 때, 그들은 하나님께 "제가 당신의 아들보다 더 낫습니다!"라고 말하는 것과 똑같은 것이다.

■ 새롭게 깨달았거나 적용할 내용이 있다면 적어 보세요. ■

〈하나님의 경륜과 구원 방법〉

1 율법 이전 시대				2 율법 시대	3 교회 시대	4 교회 이후의 시대	
무죄 시대	양심 시대	인간정부시대	약속 시대	율법 시대	교회 시대	대환란	천년 왕국
행위	양심에 따른 믿음과 행위			유대인 "율법" (믿음+행위) 이방인 "양심" (믿음+행위)	믿음	믿음 + 행위	행위

3. 『그리스도께서는 믿는 모든 사람에게 의가 되시고자 율법의 끝이 되셨느니라』(4절).

➡ 율법 시대에는 믿음으로 의로운 삶을 살고 율법의 규례들을 준수함으로써 "자기 의"를 견지해야 했지만(합 2:4, 겔 18:5-9), 예수 그리스도께서 오신 이후로 하나님께서는 더 이상 율법으로 말미암는 "자기 의"를 인정하시지 않는다. 율법 준수를 통해 자기 의를 추구하는 시대는 예수 그리스도로 인해 끝이 났기 때문이다.

4. 율법에서 난 의(5절) vs. 믿음에서 난 의(6-8절)

1) 율법에서 난 의는 "가변적"이다.

➡ 그 율법을 계속 지키느냐 지키지 않느냐에 따라 복과 저주, 의와 불의, 생명과 심판이 결정되기 때문이다(갈 3:10,12, 겔 18:21,24).

2) 믿음에서 난 의는 "**예수 그리스도로 말미암는 의**"이다.

(1) 『**네 마음에 '누가 하늘에 올라갈 것인가?' 하지 말라**』(6절).

➡ 이것은 본래 율법에 대한 것이지만(신 30:12,13), 바울은 그 율법과 대조적으로 완전한 의를 마련해 놓으신 예수 그리스도의 사역들을 설명하고 있다. **즉 예수 그리스도께서는 우리의 의롭게 됨과 영원한 구원을 위하여 부활하시어 하늘로 올라가셨다**.

(2) 『**누가 깊은 곳으로 내려갈 것인가?' 하지 말라**』(7절).

➡ **예수 그리스도께서는 우리의 죄로 인해 죽으시고 장사되셨으며, 땅 아래에 있는 지하 세계, 곧 지옥까지 다녀오셨다**. 지옥까지 가셔서 우리의 죄들을 그곳에 내려놓으셨다(히 9:26,28). 아무도 이런 일들을 되돌리거나 무효로 만들 수 없다!

(3) 『**말씀이 네게 가까워 네 입에 있으며 네 마음에 있노라... 곧 우리가 전파하는 믿음의 말씀이라**』(8절).

➡ 교회 시대에는 이 "믿음의 말씀," 곧 "복음"을 마음으로 믿으면 예수 그리스도로 말미암는 하나님의 의에 이르게 되고, 또한 입으로 고백하여 구원받게 된다(9,10절).

『또 하나님께서 그를 죽은 자들로부터 살리신 것을 네 마음에 믿으면』(9절). 단지 예수 그리스도께서 우리의 죄들을 위해 죽으셨다는 것만으로는 그 속죄가 우리에게 적용되지 않고, 반드시 마음으로 믿어야 한다! 한편 부활이 없다면 우리의 믿음은 헛것이다(고전 15:17). 예수 그리스도께서 부활하지 않으셨다면, 그것은 주님께서 여느 인간과 다를 바가 없다는 뜻이며(롬 1:4), 그렇다면 우리는 하나님 앞에서 온전히 의롭게 되지 못한 것이 된다(롬 4:25). 또한 부활이 없다면 우리가 구원받았다 할지라도 구원을 잃어버릴 수 있다(행 13:34). 또한 부활이 없다면 우리 안에는

"새 사람"이 형성되지 않은 것이며(롬 6:4) "거듭남"도 일어나지 않게 된다.

『**네 입으로 주 예수를 시인하고.. 입으로 고백하여 구원에 이르기 때문이라**』(9,10절). 마음에 가득한 것을 입이 말하기 때문에(마 12:34,35), 진실로 예수 그리스도를 마음으로 믿었다면 입으로 고백할 수밖에 없다. 우리가 복음을 전파할 때 믿기를 원하는 죄인들에게 영접 기도를 따라 하도록 하는 것은 단순히 기도문을 읊으라고 주문하는 것이 아니다. 오히려 자신이 마음에 믿은 예수 그리스도를 입으로 시인해 보라고 권면하는 것이다. 『**내가 믿었으므로 말하였으니**』(시 116:10). 또한 죄인 스스로가 입으로 시인해야 자신이 믿고 결단한 것을 더욱 쉽게 인지할 수 있고, 시간이 한참 지난 후에도 자신이 바로 그때 그 장소에서 그렇게 예수님을 믿고 구원받았다고 꼭 짚어서 말할 수 있다.

믿음의 의와 복음 전파(11-21절)

1. "주의 이름을 부르는 자"는 구원을 받는다(13절).

➠ "주의 이름을 부른다는 것"은 사실상 믿기 때문에(11절) 부르는 것이다. 말하자면 바울은 11절에서 구약을(사 28:16; 49:23) 인용하면서도, 이를 교회 시대에 영적으로 적용함으로써 "믿음으로 의롭게 되는 것"을 설명하고 있다. 이렇듯 믿음으로 말미암는 하나님의 의는 "선택받은 자들"이 아니라, 유대인이나 헬라인이나 믿는 모든 사람에게 "차별 없이" 주어진다(12절).

2. 『어찌 부르리요?... 어찌 믿으리요?... 어찌 들으리요?... 어찌 전파하리요?』(14,15절)

➠ "하나님의 의"를 얻게 해 주는 이 교회 시대의 위대한 복음은 어떤 방식으로 전파되는가? 복음이 전파되는 방식은 위 본문에 제시된 물음의 순서를 거꾸로 해 보면 알 수 있다. 곧 먼저 복음 전도자를 ① "**파송해야**" 하고(**보냄**), 파송된 전도자들은 복음을 ② "**외쳐야**" 하며(**전파**), 이에 죄인들은 그 복음을 ③ "**들어야**" 하고(**들음**), ④ 들은 복음을 "**믿어야**" 하고(**믿음**), 또 ⑤ 주의 이름을 "**불러야**" 하는 것이다(**부름**). 그러므로 우리는 복음 전도자를 "파송"하는 일을 결코 소홀히 해서는 안 된다.

3. "화평의 복음"을 전하는 자들의 아름다운 발(15절)

1) 복음 전파에 있어서 가장 중요한 부분은 "**복음을 실제로 전할 사람**"이 있는가이다.

2) 여기에 인용된 이사야 52:7,8(cf. 나 1:15)의 말씀은 본래 이스라엘의 회복과 천년왕국에서의 예수 그리스도의 지상 통치 그리고 그에 따른 "**화평**"을 의미한다.

3) 바울은 구약에서 인용한 구절을 영적으로 적용하고 있는데, 곧 "**화평의 복음**"은 "영적인 화평에 관한 복음"으로서 죄인이 구원받고 의롭게 되어 하나님과의 관계 속에서 누리는 화평인 것이다(롬 5:1, 엡 6:15).

➠ 그리스도인은 그 사람이 남자든 여자든, 설교자든 아니든, 모두 복음 전파자임을 유념해야 한다(롬 1:16, 고전 9:16, 딤후 4:2, 고전 4:1,2).

여러 해 전 펜실베이니아주에서 끔찍한 열차 전복 사고가 일어났을 때의 일이다. 열차에 끼여서 죽고 다치고 신음하는 수많은 사람들 가운데 한 그리스도인 부인이 있었다. 그녀 역시 한쪽 다리가 쇳덩이에 짓눌려 뼈가 으스러진 채 빠져나올 수 없는 처지에 있었다. 구급대원들과 구급차가 언제 올지 모르는 상황에서 사람들이 살려달라고 비명을 지르고 있을 때, 그녀는 심한 출혈로 의식이 몽롱해지는 가운데 조용히 찬송가를 부르기 시작했다. "주께로 가까이, 더 가까이, 내 평생 살 동안 더 가까이, 십자가에 달리신 주님 나를 구원하셨으니, 주께로 가까이 나아갑니다." 그러자 신음하고 있던 부상자들 가운데 한 사람이 외치기 시작했다. "나도 그리스도인이 되겠소! 나도 그리스도인처럼 살겠소! 나도 그리스도인으로 죽겠소! 오, 주여! 나를 받아 주소서!" 그러자 이곳저곳에서 사람들이 외치기 시작했다. "나도 그리스도인이 되겠소! 나도 그리스도인으로 살겠소! 나도 그리스도인으로 죽겠소! 나를 구원해 주시오! 오, 주여, 나를 구원해 주소서!" 그러자 부인의 찬송 소리는 부서진 기차 안에서 더욱 크게 울려 퍼졌다. 도대체 그런 상황에서 그 연약한 부인이 어떻게 그런 평온한 모습을 보일 수 있었는지 인간적인 생각으로는 도저히 이해하기 어렵지만, 그 부인이 그 순간에 『**화평의 복음을 준비한 것으로... 발에 신고**』(엡 6:15) 있었다는 사실은 매우 분명하다. 화평의 복음을 준비한 것으로 발에 신고 있는 사람들의 발이 실로 얼마나 아름다운가!

4. 『주여, 우리가 전한 말을 누가 믿었나이까?』(16절)

➡ **이사야 53:1을 인용한 말씀으로, 복음의 말씀을 들은 자가 모두 믿는 것은 아니라는 점을 보여 준다. 요한복음에서는 "이스라엘이 예수 그리스도를 거부한 것"을 묘사한 예언으로 인용하고 있다(요 12:38,39).**

5. 『그러므로 믿음은 들음에서 나오며 들음은 하나님의 말씀에 의해서니라』(17절).

➠ 이 "믿음"은 복음의 말씀을 믿을 수 있는 능력을 의미하는데, 죄인이 하나님의 은혜의 복음이 전파되는 것을 들을 때, **그 복음 안에는 그것을 믿을 수 있는 능력이 내재되어 있는 것이다**. 하나님의 말씀을 들으면 들을수록 하나님께서 말씀하신 바를 더 쉽게 이해하고 받아들일 수 있음을 의미한다(마 13:12).

6. 『그들의 음성이 온 땅에 퍼져 나갔고 그들의 말이 세상 끝까지 이르렀느니라』(18절).

➠ 시편 19:1,2에서도 볼 수 있듯이, "낮"과 "밤"이 지구상의 모든 사람에게 전파하고 있는 것이다.

〈하나님의 창조 세계는 사람들에게 무엇을 전파하고 있는가?〉

1. 창조주 하나님께서 살아 계신다.
2. 하나님께서는 삼위일체로 이뤄진 신격이시다(태양광선).
3. 주 하나님께서는 세상을 반대하시고, 세상은 하나님을 반대한다(지구는 태양의 운동과 반대 방향으로 회전함).
4. 주께서 죽임을 당하신다(해는 저녁에 붉은 빛을 내며 짐).
5. 주께서 부활하신다(태양은 매일 아침 다시 떠오름).
6. 주께서는 다시 오신다(태양은 하늘을 붉게 물들이며 떠오름).
7. 주께서는 자신의 빛을 반사할 대상을 가지고 계시다(달).

> 8. 교회는 작아졌다가 커지면서 배교에 빠지게 된다(달의 주기).
> 이러한 진리는 세상의 끝, 즉 이방 민족들에게까지 퍼져 나갔다.

7. 『내가 백성이 아닌 그들로 인하여 너희로 질투하게 하며 어리석은 민족으로 인하여 너희로 진노하게 하리라』(19절).

➡ 여기서 "**어리석은 민족**"(a foolish nation)은 "**이방인**"을 가리키는데(마 15:26,27) 단수로 기록된 "하나의 민족"임을 감안할 때, 베드로전서 2:9의 『**거룩한 민족**』을 이루는 "**구원받은 이방인들**"을 의미한다. 하나님께서는 이스라엘이 우상 숭배하고 헛된 경배를 드리며 예수 그리스도를 거부하자, 구원받은 이방인들, 곧 "교회"를 『**독특한 백성**』(벧전 2:9)으로 삼으심으로써 구약의 『**독특한 백성**』(신 14:2)인 이스라엘로 하여금 질투하게 하셨다(cf. 롬 11:11).

8. 『내가 온종일 불순종하며 거역하는 백성에게 내 손을 뻗쳤노라』(21절).

➡ 하나님께서는 이스라엘의 불신으로 인해서, 하나님을 찾지도 구하지도 않고, 심지어 불순종하고 거역하는 백성, 곧 이방인들에게 그분 자신을 계시하시고 구원의 손을 뻗치셨다(사 65:1,2).

〈로마서 10장의 핵심 내용〉

❶ 더 이상 율법에서 난 의로 구원받을 수 없다(1-3절).

❷ 이제 그리스도를 믿는 믿음으로 말미암는 하나님의 의로

구원받는다(3,4절).

❸ 이는 예수 그리스도께서 율법이 요구하는 것을 만족시키셨기 때문이다(6,7절).

❹ 그러므로 유대인이든 이방인이든 예수 그리스도를 마음에 믿으면 구원받는다(8-13절).

❺ 우리는 이 복음을 전파하기 위해 복음 전파자를 파송하고 부지런히 복음을 전파해야 한다(14,15절).

❻ 그러나 유대인들은 이 믿음에서 난 "의"에 순종하지 않았다(16절).

❼ 따라서 주로 이방인들을 중심으로 "새로운 민족, 새로운 백성," 곧 "교회"를 형성하셨다(18-21절).

■ 새롭게 깨달았거나 적용할 내용이 있다면 적어 보세요. ■

제4과
복습문제

1. 하나님께서는 어떤 사람이 진리에 무지하더라도 그가 가진 하나님에 대한 열성은 받아 주신다. (O , X)

2. 『이는 그들[이스라엘]이 (   )의 의를 모르고 자기들의 의를 세우려 함으로써 그들 스스로 (   )의 의에 복종치 아니하였음이니라』(롬 10:3).

3. 『그리스도께서는 믿는 모든 사람에게 (   )가 되시고자 (   )의 끝이 되셨느니라』(롬 10:14).

4. 율법 시대에는 믿음으로 의로운 삶을 살고 율법의 규례들을 준수함으로써 "자기 의"를 견지해야 했지만(합 2:4, 겔 18:5-9), 예수 그리스도께서 오신 이후로 하나님께서는 더 이상 율법으로 말미암는 "자기 의"를 인정하시지 않는다. (O , X)

5. "하나님의 의"를 얻게 해 주는 위대한 복음은 어떻게 전파되는가?
   ➠ (   ) ➤ 전파 ➤ 들음 ➤ (   ) ➤ 부름

6. 『네가 네 (   )으로 주 예수를 시인하고 또 하나님께서 그를 죽은 자들로부터 살리신 것을 네 (   )에 믿으면 구원을 받으리라. 이는 사람이

(　　　　　　)으로 믿어 의에 이르고 (　　　　)으로 고백하여 구원에 이르기 때문이라』(롬 10:9,10).

7. 복음 전파에 있어서 가장 중요한 부분은 "복음을 실제로 전할 사람"이 있는가이다. (O , X)

8. 『화평의 복음을 전하며 좋은 일들의 기쁜 소식을 가져오는 자들의 발이 얼마나 아름다운가!』(롬 10:15)에서 인용된 이사야 52:7,8의 "화평"은 본래 이스라엘의 회복과 천년왕국에서의 예수 그리스도의 지상 통치 그리고 그에 따른 "화평"을 의미한다. (O , X)

9. 『그러므로 믿음은 들음에서 나오며 들음은 하나님의 말씀에 의해서니라』(롬 10:17). 이 "믿음"은 복음의 말씀을 믿을 수 있는 능력을 의미하는데, 죄인이 하나님의 은혜의 복음이 전파되는 것을 들을 때, 그 복음 안에는 그것을 믿을 수 있는 능력이 내재되어 있는 것이다. (O , X)

10. 『내가 백성이 아닌 그들로 인하여 너희로 질투하게 하며 어리석은 민족으로 인하여 너희로 진노하게 하리라』(19절). 여기서 "어리석은 민족"은 "이방인"을 가리킨다. (O , X)

11. 『이스라엘에게 그가 말하기를 "내가 온종일 불순종하며 거역하는 백성에게 내 손을 뻗쳤노라."고 하였느니라.』(롬 10:21). 여기서 "온종일 불순종하며 거역하는 백성"은 "유대인"을 가리킨다. (O , X)

■ 복습 문제의 정답은 홈페이지(www.solomonbtc.org)에서 확인할 수 있습니다.

NOTES

NOTES

NOTES

제5과
위대한 예언, 이스라엘의 회복(11장)

『형제들아, 너희가 스스로 지혜 있는 체하지 않게 하기 위하여 이 신비를 너희가 모르기를 내가 원치 아니하노니 이는 이방인들의 충만함이 차기까지는 이스라엘의 일부가 완고하게 된 것이라』(롬 11:25).

성경의 영감을 증명하는 유대인들

유대인들이 완전히 멸망하지 않았다는 것은 "역사적인 기적"이다. 한때 프레드릭 대왕이 궁정 목사에게 "성경이 영감 받은 책이라는 사실을 한마디로 증명해 보라."라고 했을 때, 그 궁정 목사가 "폐하, 유대인입니다!"라고 대답했다는 일화는 매우 유명하다.

유대인은 "불타고 있으나 소멸하지 않는 가시덤불"로 묘사된다. 오늘날까지 유대인들이 그 민족의 정체성을 잃지 않고 생존해 왔다는 사실과 독립해서 나라를 세운 일은, "하나님께서는 살아 계시는 분이다"라는 것과 "하나님께서 기록하신 성경은 진리이다"라고 하는 이 두 가지 사실이 없이는 설명할 수 없다. 그렇기에 이스라엘의 회복에 관한 예언을 깨닫는 것은 성경을 올바로 해석하는 또 하나의 열쇠가 된다.

■ 새롭게 깨달았거나 적용할 내용이 있다면 적어 보세요. ■

율법의 의와 믿음의 의(1-10절)

1. 결코 그럴 수 없다(교회는 결코 물리적인 이스라엘이 아니다!)

1) **『그렇다면 내가 말하노니 하나님께서 자기 백성을 버리셨느냐?』**(1절)

➡ 매우 중요한 질문이다. 로마서 11장을 어떻게 받아들이느냐에 따라 성경을 문자 그대로 믿는 사람과 그렇지 않은 사람, 즉 "전천년주의자"와 "무(후)천년주의자"로 나누어진다. 이 질문에 대해 바울은 하나님의 영으로 말하기를 **『결코 그럴 수 없느니라.』**(1절)라고 말했다.

전천년주의	후천년주의(로마카톨릭)	무천년주의(장로교)
예수님께서 천년왕국 "<u>이전에</u>" 오셔서 왕국을 세우신다.	왕국이 세워진 "<u>이후에</u>" 예수님께서 오신다.	천년왕국은 "<u>없으며</u>" 영적인 왕국만 이 땅에 세워질 뿐이다.
성경적 믿음	인본주의	세상을 변화시키려 함
이스라엘과 교회는 다름	교회가 이스라엘을 대체함	교회가 이스라엘을 대체함
올바로 나누어서 문자적으로 해석함	풍유적인 해석	풍유적인 해석(예언)
건전한 교리들	사사로운 해석과 거짓 교리들	사사로운 해석과 거짓 교리들

2) **『하나님께서 미리 아신 자기 백성을 버리지 아니하셨느니라』**(2절).

➡ 무천년주의자들이 말하듯이 소위 "<u>영적 이스라엘</u>," 곧 "<u>교회</u>"가 <u>구약의 이스라엘 민족을 대체한 것이 결코 아니다!</u>

2. 지금도 믿는 유대인들이 남아 있다!

1) 『**내가 나를 위하여 바알의 형상에 무릎을 꿇지 아니한 칠천 명을 남겨 두었노라**』(4절).

〈바알의 형상에 무릎 꿇지 않은 7천 명〉

바울은 열왕기상 19:14을 인용하고 있다. 열왕기상 19장은 엘리야가 갈멜산에서 이세벨의 바알의 선지자 450명과 아세라들의 선지자 400명을 처단한 뒤 이세벨로부터 도망친 상황을 다루고 있다.

이때 엘리야는 자신이 북왕국 이스라엘에 남아 있는 유일한 "하나님의 선지자"라고 생각했다. 하지만 하나님께서는 엘리야와 오바댜가 숨겨 준 100명의 선지자(왕상 18:4)를 위시하여 "바알 숭배"로 배교하지 않은 7천 명의 사람들을 남겨 두셨다고 말씀하셨다. 그들은 『**바알에게 꿇지 아니한 모든 무릎과 바알에게 입맞추지 아니한 모든 입**』(왕상 19:18)이었고 하나님을 향한 믿음을 가진 자들로서 이스라엘 전역에 흩어져 있었는데, 선지자 엘리야가 그들을 보지 못했던 것이다.

2) 『**그러므로 이와 같이 지금도 은혜의 선택하심을 따라 남은 자가 있느니라. 은혜로 된 것이면 더 이상 행위가 아니니 그렇지 아니하면 은혜가 더 이상 은혜가 아니니라. 그러나 행위로 된 것이면 그것은 더 이상 은혜가 아니니 그렇지 아니하면 행위는 더 이상 행위가 아니니라**』(5,6절).

(1) 이스라엘의 구약 역사에서 바알에게 무릎 꿇지 않은 자들로 택함 받은 7천 명의 남은 자들이 있었던 것처럼, 교회 시대인 지금도 예수 그리스도를 믿는 믿음을 통해 은혜로 구원받아 택함을 받은 유대인 남은 자들이 있다.

(2) 하지만 바울은 현 교회 시대의 "하나님의 선택하심"이 엘리야 시대의 7천 명처럼 "행위에 따른 선택하심"이 아니라, "은혜로 이루어진 선택하심"이고, 그것은 또한 더 이상 "행위"가 아니라고 설명한다. 그렇기에 교회 시대의 유대인들은 구약의 율법을 따라 살다가 죽어서 지옥에 가든지, 아니면 신약의 예수 그리스도의 십자가를 믿고 하늘나라로 가든지 둘 중 하나를 선택해야 한다. **말하자면 오늘날 교회 시대에는 "행위"가 조금도 섞이지 않은 순수한 은혜, 곧 "믿음"으로 말미암은 은혜(엡 2:8)로 구원을 받는 것이다.**

이스라엘의 현재의 소경 됨(7-12절)

1. 진리를 거절한 대가를 보라!

1) **『그러면 무엇이냐?... 오히려 선택된 자들이 그것을 얻었으며 그 나머지는 오늘까지 완고해졌느니라**[7절]... **하나님께서 그들에게 혼미한 영과 보지 못할 눈과 듣지 못할 귀를 주셨노라." 하였느니라**[8절]』(7,8절).

(1) 8절 말씀은 이사야 29:10을 인용한 말씀인데, 이사야 29:10에서 **『눈을 감기게』** 하셨다는 것은 "**선지자들과 치리자들과 선견자들**"과 관련해서 하신 말씀이다. 그래서 현재까지 이스라엘에는 선지자가 없었으며, 하나님께서는 요한계시록 7장과 11장에 이를 때까지 이스라엘에 선지자들을 주시지 않을 것이다.

(2) 이처럼 하나님께서는 이스라엘을 그들의 불신으로 말미암아 선지자들을 주시지 않음으로써 소경으로 만드셨을 뿐만 아니라(사 29:11),

하나님의 말씀 또한 깨닫지 못하게 하셨다(고후 4:4, 마 15:14, 요 9:39).

2) **『그들의 식탁이 그들에게 올무와 덫과 거치는 것과 보응이 되게 하시고 그들의 눈이 어두워져서 보지 못하게 하시고 그들의 등이 항상 굽혀지게 하소서』**(9,10절).

➠ 시편 69:22,23의 인용이다. 즉 예수 그리스도께서는 자신을 둘러싼 "개별적인 죄인들"을 위해서는 **『아버지시여, 저들을 용서해 주옵소서. 그들은 자기들이 하는 것을 알지 못하나이다.』**라고 기도하셨지만(눅 23:34), 이스라엘을 "민족적"으로 대하실 때는 위의 9,10절과 같은 기도를 하신 것이다.

교훈 : 우리는 여기서 하나님의 준엄하심을 곰곰이 숙고해 봐야 한다. 지속해서 거부하는 유대인들에게 하나님께서 어떻게 갚으셨는지 보라! 그들에게 『**혼미한 영**』, 『**보지 못할 눈**』, 『**듣지 못할 귀**』를 주셨다. 또한 그들의 식탁이 그들 자신의 저주가 되게 하시고, 그들의 눈은 어두워지게 하시며, 그들의 등은 굽어지게 하신다(8-10절). 진리의 하나님께서는 진리를 지속해서 거부하는 자들에게 그에 합당한 보응을 하신다. "**빛을 거절하면 번개가 되어 돌아오는 법이다!**"

■ 새롭게 깨달았거나 적용할 내용이 있다면 적어 보세요. ■

2. 이스라엘이 주는 유익과 그들의 회복

1) 『**도리어 그들의 실족으로 구원이 이방인들에게 이르렀으니 이는 그들로 시기하게 하려 함이니라**』(11절).

➠ 불신으로 유대인들은 소경이 되었고 걸려 넘어졌다. 하지만 하나님께서 그들의 불신과 소경 됨과 실족을 조장하신 것은 아니다. 하나님께서는 단지 그들의 실족을 이방인들이 구원받을 수 있는 계기로 삼으신 것뿐이다. 또한 그렇게 하셔서 유대인들로 하여금 시기하게 하셨다.

2) 『**그들의 실족함이 세상의 부요함이 되고 그들의 쇠퇴가 이방인들의 부요함이 되었다면 하물며 그들의 충만함은 어떠하겠느냐?**』(12절)

(1) 이 말씀은 영적으로 또 문자적으로 적용될 수 있다. 하나님께서는 그리스도의 몸을 통해 이방인들에게 물리적인 복들을 주셨다. 그리스도의 몸은 유대인들이 그들의 메시아를 거부했기 때문에 존재할 수 있었고, 주께서는 일시적으로 유대인들을 제쳐 두셨다. 구원받은 자들과 구원받지 않은 자들 모두 하나님께서 그리스도의 몸에 주시는 복들과 그리스도의 몸을 통해 세상에 주시는 복들로 유익을 누리고 있다.

(2) 바울은 이러한 맥락에서 『**하물며 그들의 충만함은 어떠하겠느냐?**』라고 말한다. 그렇다! 이스라엘은 회복될 것이다. "이스라엘의 회복"을 위한 하나님의 역사는 1948년에 시작되었으며, 예수 그리스도의 천년왕국 통치하에서 절정에 이를 것이다.

■ 새롭게 깨달았거나 적용할 내용이 있다면 적어 보세요. ■

이방인들의 구원과 타락(13-22절)

1. 이방인들이여, 자만하지 말라!

1) 『**그들을 받아들임은 죽은 자들로부터 살아나는 생명이 아니고 무엇이겠느냐?**』(15절)

(1) 이 말씀은 미래에 있을 이스라엘의 회복에 대해 다루고 있다. 이스라엘은 사도행전에서 버림을 받았는데, 이는 이방 민족들이 하나님과 화해하는 계기가 되었다.

(2) 이스라엘이 부활하는 사건은 에스겔 37장에서 문자적으로 일어난다. 물론 이 시대에는 유대인이 그리스도를 구주로 영접하면 그는 영적으로 거듭나게 된다.

(3) A.D. 70년부터 A.D. 1948년까지 그들은 그들의 땅을 잃어버렸다. 그러나 1878년이 지났음에도 그들은 동일한 언어와 종교를 유지한 채 그들의 땅으로 돌아왔다! 이것은 구약에서 하나님께서 이스라엘에 주셨던 모든 약속을 회복하고 성취하는 일의 시작일 뿐이다.

(4) 예수님께서 돌아오실 때(26절), 이스라엘 민족은 전무후무한 "생명"을 누리게 될 것이다(행 3:19-21, 겔 36:24-28; 37:11-14, 행 2:16-21).

2) 『**첫열매가 거룩하면 빵 덩어리도 거룩하고 또 뿌리가 거룩하면 그 가지도 거룩하니라**』(16절).

〈따로 떼어 놓은 민족〉

하나님께서는 "첫열매와 빵 덩어리" 그리고 "올리브 나무와 그

> 가지들"의 비유를 통해 전체 그룹으로서의 이방인들과 유대인들의 관계에 관해 설명하신다. 우선 첫열매는 첫 번째로 수확한 곡식이며, 제사장이 거룩한 용도로 사용한다(신 18:1-4). 다음으로 거룩한 나무에 대해 말씀하시는데, 이 나무는 올리브 나무이다(17절). 하나님께서 그것을 심으셨다(16,17절). 본문이 말하고자 하는 것은, 하나님께서 만드시고 그분을 섬기도록 "따로 떼어 놓으신 민족"이 있다는 것인데, 곧 "이스라엘"을 말한다(민 23:9).

3) **『또한 만일 가지들 가운데 얼마가 꺾여지고 돌올리브 나무인 네가 그들 가운데 접붙여져서 올리브 나무의 뿌리와 기름진 것을 함께 받게 되었다면』**(17절).

(1) 얼마의 꺾여진 가지들은 주 예수 그리스도를 그들의 메시아와 구주로 믿지 않은 자들을 의미한다.

(2) 하나님께서는 그 대신에 "돌올리브 나무"를 접붙이셨는데, 이 "돌올리브 나무"는 주 예수 그리스도를 믿는 믿음을 통하여 접붙여졌다(20절).

4) **『그 가지들에게 자랑하지 말라. 네가 자랑하여도 네가 뿌리를 지탱하는 것이 아니요, 뿌리가 너를 지탱하는 것이니라』**(18절).

(1) 이방인들은 꺾여진 가지들, 곧 주 예수 그리스도를 거부한 유대인들에게 자랑해서는 안 된다. 그 어떤 나무도 가지들로 인해 뿌리가 존재하는 경우는 없기 때문이다.

(2) 뿌리로 인해 가지들이 존재하는 것이다. 이는 뿌리에서 나오는 수액을 받아서 그것을 누리는 대상은 가지들이기 때문이다.

2. 이방인들도 꺾일 수 있음을 알라!

1) 『**그러면 네가 말하기를 "가지들이 꺾인 것은 내가 접붙여지기 위한 것이라." 하리라. 옳도다. 그들은 믿지 아니함으로 꺾여졌고 너는 믿음으로 섰느니라. 높아지려는 생각을 품지 말고 도리어 두려워하라**』(19,20절).

➡ 결과적으로 유대인들이 꺾여져서 이방인들이 믿음으로 구원받게 되었다. 그러므로 하나님께서는 높아지려는 생각을 품지 말고, 도리어 두려워하라고 명령하신다.

2) 『**하나님께서 본래의 가지들도 아끼지 아니하셨으니 너도 아끼지 아니하실까 주의하라... 만일 네가 그분의 선하심에 머물면 그 선하심이 너에게 있을 것이나 그렇지 아니하면 너도 꺾이리라**』(21,22절).

➡ 하나님께서 그분의 백성 이스라엘을 그들의 불신과 불순종으로 준엄하게 심판하시고 꺾으셨으므로, 이방인 전체를 향해서도 불신과 배교로 꺾이지 않을까 주의하라고 말씀하신다.

이방인들은 향후 교회의 "배교"에 뒤이어서 "이교도화"가 잇따르게 된다. 이 일은 대환란 때 있을 것이며, 이 일이 일어나면 많은 이방인 가지들이 꺾여지고 다시 유대인들이 접붙임을 받을 것이다. 이는 마침내 유대인들이 민족적으로 144,000명(계 7장)과 두 증인의 사역(계 11장)을 통해 예수 그리스도를 믿는 믿음으로 돌이킬 것이기 때문이다.

■ 새롭게 깨달았거나 적용할 내용이 있다면 적어 보세요. ■

이스라엘의 회복과 하나님의 지혜(23-36절)

1. 이스라엘은 다시 접붙여질 것이다!

1) **『또 그들도 믿지 않는 가운데 계속 머물지 아니하면 접붙임을 받을 것이니라. 이는 하나님께서 그들을 다시 접붙이실 수 있기 때문이라... 하물며 본래의 가지인 이 사람들이야 본래의 올리브 나무에 얼마나 더 잘 접붙여지겠느냐? 형제들아, 너희가 스스로 지혜 있는 체하지 않게 하기 위하여 이 신비를 너희가 모르기를 내가 원치 아니하노니 이는 이방인들의 충만함이 차기까지는 이스라엘의 일부가 완고하게 된 것이라』**(23-25절).

➠ 성경의 "일곱 신비" 가운데 하나인 이스라엘의 회복을 다루고 있다. 이스라엘이 회복될 때까지 하나님께서 이스라엘을 어떻게 다루시는가를 정리해 보면 다음과 같다.

(1) 이스라엘은 민족적으로 영적인 소경이 되었다. 하지만 부분적으로만 그러하다. 즉 개별적으로는 여전히 예수 그리스도를 개인의 구주로 믿고 영접하는 유대인들이 있는 것이다.

(2) 이방인들의 죄악의 충만함이 거의 다 찼다. 이제 곧 휴거가 일어날 텐데, 그때 우리 주 예수 그리스도께서는 그리스도의 몸인 교회를 이 땅에서 취해 가실 것이다. 이후로 이 땅에 남은 유대인들과 이방인들은 서로 다르게 취급받는다.

(3) 대환란 끝에 예수 그리스도께서 돌아오시면, 모든 살아남아 있는 유대인들은 그들의 메시아께서 영광스러운 몸을 입고 오시는 것을 볼 것이다. 그때 그들은 민족적으로 그들의 죄들을 용서받고 또 예수 그리스도를 그들의 주와 구주로 받아들일 것이다(26절).

(4) **그 이후에 하나님께서는 그분의 백성인 이스라엘 민족과 함께 "새 언약"(New Covenant)을 맺으실 것이다**(27절, 히 8:8-12).

> 〈이스라엘의 미래〉
>
> 언젠가 이스라엘은 모든 민족 위에 우뚝 서서 우위를 점할 것이다. 그러나 먼저 그들의 메시아이신 주 예수 그리스도께서 오셔서 그들의 불신의 죄를 제거하신 후에야 그 일이 있게 될 것이다(신 28:13,14).

2. 남은 자들이 구원을 받을 것이다!

1) 『**그리하여 온 이스라엘이 구원을 받으리라**』(26절).

(1) 『**그리하여**』는 이방인들의 충만함이 차는 것을 가리킨다. 이 일이 일어난 후에 온 이스라엘이 구원받게 된다(슥 12:10,14).

(2) 로마서 11장의 "이스라엘의 회복"은 예수 그리스도께서 천년왕국이 시작되기 전에 재림하신다는 위대한 성경 교리와 연관되어 있다. 이 교리들을 설명하는 구약의 말씀들로는 이사야 2,11장, 에스겔 36,37,40-48장, 스파냐 3장, 미카 7장 등이 있다.

2) 『**기록된 바 "구원자가 시온에서 와서 야곱에게서 경건치 아니한 것을 제거하리라. 이는 내가 그들의 죄들을 없앨 때 그들에 대한 나의 언약이 이것임이니라**』(26,27절).

(1) 본문은 이사야 59:20의 인용이다. 재림 때 주 예수 그리스도께서는 이스라엘의 남은 자들을 적그리스도의 손으로부터 구원하실 뿐만 아니라, 그들의 민족적인 죄들 또한 깨끗하게 하실 것이다.

(2) 이러한 일이 일어날 때 주님께서는 그들과 "새 언약"(New Covenant)을 맺으실 것이다. 교회 시대에는 예수 그리스도의 피로 맺어진 "새 언약"(New Testament)이 그 피를 믿는 모든 사람에게 적용된다(히 9:14,15).

(3) 그러나 재림 때에 맺어질 "새 언약"(New Covenant)은 이스라엘 집과 유다 집을 위한 언약이다(렘 31:31-37). 말하자면 이스라엘이 주 하나님 앞에서 민족을 형성하는 일은 영원히 끊어지지 않는 것이다(렘 31:36). 하지만 이스라엘의 민족적인 죄는 예수 그리스도께서 돌아오실 때까지 없어지지 않는다(행 3:19-21).

3) 『**복음에 관하여는 그들이 너희로 인하여 원수가 되었으나**』(28절).

➡ 구원받지 않고 예수 그리스도를 거부하는 유대인들은 복음의 원수들이며, 성경대로 믿는 그리스도인들의 원수들이다. 그러나 하나님께서는 아브라함과 다윗 등 그들의 조상들을 위해 유대인들을 민족적으로 사랑하신다.

4) 『**이는 하나님의 은사와 부르심에는 후회가 없으심이니라**』(29절).

(1) 이 구절은 먼저 이스라엘에 민족적으로 해당된다. 하나님께서는 로마서 9:4에서 그들에게 특권들을 주셨다. 그리고 세상의 다른 민족들 가운데서 그들을 불러내셔서 "독특한 보물," "제사장들의 왕국," "거룩한 민족"이 되게 하셨다(출 19:5,6).

(2) 하나님께서는 이스라엘을 부르시고 그들에게 성경을 주시고 하나님을 섬기게 하신 일들에 대해 그분의 처음 의도와 생각과 계획을 바꾸지 않으실 것이다.

(3) 비록 하나님께서는 친히 하신 일들에 대해 몇 번 "후회하신" 적이

있지만(창 6:6, 삼상 15:35 - 인간의 태도에 따라 계획을 바꾸시는 의미로서의 후회임), 이스라엘을 민족이 되도록 부르신 일에 대해서는 결코 후회하신 적이 없다. 이는 그 부르심이 아브라함과 이삭과 야곱에게 약속하신 무조건적인 약속들에 근거를 두기 때문이다(렘 33:25,26).

3. 하나님의 신실하심과 지혜를 보라!

1) **『너희가 지나간 때에는 하나님을 믿지 아니하더니 이제는 그들이 믿지 아니함으로 인하여 자비를 얻었느니라. 이와 같이 이제 이들이 믿지 아니한 것은 너희의 자비를 통하여 그들도 자비를 얻게 하려 함이라. 하나님께서 그들 모두를 믿지 않는 가운데 가두어 두심은 모든 사람에게 자비를 베풀려 하심이니라』**(30-32절).

(1) 하나님께서는 일시적으로 이스라엘을 민족적으로 옆으로 제쳐 두셨지만, 불신과 죄들 가운데서 태어나는 유대인과 이방인 모두를 위해 그들이 개별적으로는 구원받을 수 있는 길을 열어 놓으셨다. 그리고 이것은 천년왕국 때에 더욱 극명하게 성취되는데, 천년왕국에서는 유대인과 이방인 둘 다 그분의 자비에 참여하기 때문이다.

(2) 비록 이스라엘이 천년왕국에서 민족들 가운데 우위를 점하지만, 하나님의 자비는 대환란과 민족들의 심판을 통과한 지상에 있는 모든 민족에게도 부어진다.

2) **『오 깊도다, 하나님의 지혜와 지식의 부요함이여! 그분의 심판을 어찌 헤아리며 그분의 지나간 길을 어찌 찾아내리요?』**(33절)

(1) 우리는 하나님의 지혜와 지식을 다 가늠할 수 없다. 하나님의 지혜

와 지식은 너무나 깊어서 그 끝을 찾을 수 없으며 그분의 심판 또한 헤아릴 수 없다.

(2) 하나님께서 우리에게 그 판단들을 알려 주지 않으시면 우리는 그것들을 찾아낼 수 없다. 그분의 지나간 길들도 마찬가지다. 『**주가 말하노라. 내 생각은 너희 생각과 다르며 내 길은 너희 길과 다르니 하늘들이 땅보다 높음같이, 내 길이 너희 길보다 높으며 내 생각이 너희 생각보다 높음이라**』(사 55:8,9).

3) 『**누가 주의 생각을 알았느냐?**』(34절)

(1) 이사야 40:13을 인용한 말씀이다. 답은 "아무도 없다"는 것이다. 그러나 주 예수 그리스도께서는 성령님의 생각을 아신다(롬 8:27). 그리고 그리스도인은 그리스도의 생각을 가졌다. 『**누가 주의 생각을 알았다고 주를 가르치겠느냐? 그러나 우리는 그리스도의 생각을 가졌느니라**』(고전 2:16).

(2) 그리스도인은 주님께서 가지고 계신 생각 그대로 생각할 수 있는 능력을 받았다. 하나님께서 주신 것을 사용하지 않을 수도 있지만, 분명 우리는 그리스도인으로서 "그리스도의 생각"을 가진 것이다.

(3) 우리가 우리 자신을 성경 말씀으로 흠뻑 적실 때, 하나님의 생각대로 생각하는 모습은 우리의 제2의 본성이 될 것이다.

4) 『**누가 먼저 그분께 드려서 되돌려 받겠느냐?**』(35절)

➠ 우리가 하나님께 드릴 수 있는 모든 것은 하나님께로부터 받은 것들이다. 우리의 생명이나 몸이나 돈도 마찬가지다. 하나님께서 먼저 우리에게 그러한 것들을 주시지 않았다면, 우리는 결코 하나님께 드릴 수 없다. 『**우리가 그분을 사랑하는 것은 그분께서 먼저 우리를 사랑**

하셨음이라』(요일 4:19). 『**이는 그분이 만민에게 생명과 호흡과 만물을 주심이라**』(행 17:25).

성경은 인간의 이해를 초월하는 "하나님께 속한 것들"이 있음을 말씀한다.

① 모든 지각을 초월하는 하나님의 평강(빌 4:7)

② 헤아릴 수 없는 그리스도의 풍요함(엡 3:8)

③ 말로 표현할 수 없는 그분의 선물(고후 9:15)

④ 말할 수 없이 영광으로 가득 찬 기쁨(벧전 1:8)

⑤ 사람들에게 말하도록 허락되지 않은 말로 다 설명할 수 없는 말들(고후 12:4)

➠ 우리는 이러한 것들에 대해 극히 일부분만을 알 수 있는데, 이에 대해 성경은 『**네가 전능하신 분을 완전히 찾아낼 수 있겠느냐?**』라고 말씀한다(욥 11:7).

■ 새롭게 깨달았거나 적용할 내용이 있다면 적어 보세요. ■

제5과
복습문제

1. 『하나님께서 미리 아신 (   )을 버리지 아니하셨느니라』(롬 11:2).

2. 바울이 엘리야와 7천 명의 예를 든 것은, 바알에게 무릎 꿇지 아니한 자들로 택함을 받은 7천 명의 남은 자가 있었던 것처럼, 교회 시대인 지금도 예수 그리스도를 믿는 믿음을 통하여 (   )로 구원받은 "택함받은 유대인 남은 자들"이 있음을 보여 주기 위해서이다.

3. 교회 시대에 믿음으로 또 은혜로 구원받는다고 했을 때, 여기서 말하는 "은혜"는 (   )가 조금도 섞이지 않은 순수한 은혜이다!

4. 『은혜로 된 것이면 더 이상 (   )가 아니니 그렇지 아니하면 은혜가 더 이상 은혜가 아니니라』(롬 11:6).

5. 『기록된 바와 같으니 "하나님께서 그들에게 혼미한 (   )과 보지 못할 (   )과 듣지 못할 (   )를 주셨노라." 하였느니라』(롬 11:29).

6. 『형제들아, 너희가 스스로 지혜 있는 체하지 않게 하기 위하여 이 신비를 너희가 모르기를 내가 원치 아니하노니 이는 이방인들의 (   )이 차기까지는 이스라엘의 일부가 (   )하게 된 것이라』(롬 11:25).

7. 대환란 끝에 예수 그리스도께서 돌아오시면 모든 살아남아 있는 유대인들은 그들의 메시아께서 영광스러운 몸을 입고 오시는 것을 볼 것이다. 그리고 그들의 죄들을 용서받고 예수 그리스도를 그들의 주와 구주로 받아들일 것이다. 이후에 하나님께서는 이스라엘 민족과 ( )을 맺으실 것이다(롬 11:27, 히 8:8-12).

8. 『이는 하나님의 ( )와 ( )에는 후회가 없으심이니라』(롬 11:8).

9. 하나님께서는 일시적으로 이스라엘을 민족적으로 옆으로 제쳐 두셨기에, 이 교회 시대에는 "이방인들만을 위해 구원받을 수 있는 길"을 열어 놓으셨고, 유대인들은 대환란 때에야 개인적으로 구원받을 수 있다. (O , X)

10. 비록 이스라엘이 천년왕국에서 민족들 가운데 우위를 점하지만, "하나님의 자비"는 대환란과 민족들의 심판을 "통과하지 못한" 지상에 있는 모든 민족에게도 부어질 것이다. (O , X)

■ 복습 문제의 정답은 홈페이지(www.solomonbtc.org)에서 확인할 수 있습니다.

■ 새롭게 깨달았거나 적용할 내용이 있다면 적어 보세요. ■

NOTES

NOTES

NOTES

추천도서

로마서

피터 S. 럭크만 지음 / 574쪽

30,000원(eBook 8,900원)

로마서의 주제는 믿음으로 의롭게 된다는 것이며, 오직 믿음으로 은혜를 통해서만 구원받는다는 신약 교리를 보여 준다.

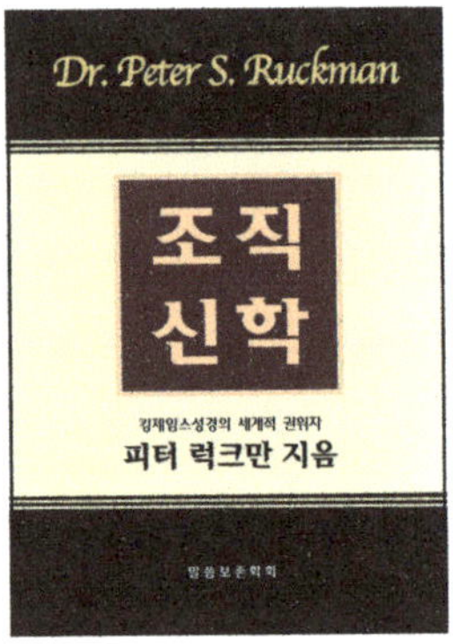

조직신학

피터 S. 럭크만 지음 / 1040쪽

50,000원(eBook 5권 각 4,900원)

진리의 말씀을 올바로 나누고 성경을 성경으로 해석하는 성경적인 원칙에 입각해서 저술된 신학 전반에 대한 교리서이다.

열린 성경 닫힌 마음

이송오 목사 지음 / 216쪽

7,000원(eBook 4,900원)

이 책은 성경에 대해 닫혀 있는 눈과 마음을 뜨게 해 주어, 성경을 왜 나누어서 공부해야 하고 어떻게 나누어 볼 수 있는지 알게 해 준다.

일곱으로 일하시는 하나님

피터 S. 럭크만 지음 / 280쪽

9,500원(eBook 6,500원)

하나님께서는 일곱의 법칙에 따라 일하신다. 성경에는 일곱 신비, 일곱 부활, 일곱 침례, 일곱 심판이 나온다. 이 모든 것이 일곱 체계이다.

솔로몬 성경공부 시리즈

로마서

제2권 두 가지 성품과 구원의 영원한 보장(7-11장)

초판1쇄 2021년 7월 2일
초판2쇄 2021년 8월 13일
지 은 이 / 편 집 부
발 행 인 / 이 송 오
발 행 처 / 말씀보존학회
출판등록 / 1988. 12. 12. 제16-223호
주 소 / 서울 강서우체국 사서함 제90호
전 화 / (02) 2665 - 3743
팩 스 / (02) 2665 - 3302
인 터 넷 / www.biblemaster.co.kr

값 10,000 원